Die Kleinbahn

ISBN 3-924335-52-4

Herausgeber:
Ingrid Zeunert

Lektorat:
Wolfgang Zeunert

Fachmitarbeiter:
Andreas Christopher, Eugen Landerer,
Dr. Stefan Lueginger, Horst Prange,
Dieter Riehemann, Klaus-Joachim Schrader †,
Dr. Markus Strässle, Karl Weigl

Verlag Ingrid Zeunert
Postfach 1407, 38504 Gifhorn
Hindenburgstr. 15, 38518 Gifhorn
Telefon: (05371) 3542 • Fax: (05371) 15114
e-mail: webmaster@zeunert.de
Internet: www.zeunert.de

DIE KLEINBAHN
Erscheinungsweise: Ein bis zwei Bände jährlich.

Gedruckt bei
Druckhaus Harms
Martin-Luther-Weg 1, 29393 Groß Oesingen

Titelbild:
hvle/Rübelandbahn: 250 002 am 30.3.2005
in Rübeland.   Foto: Dirk Endisch

Rücktitel:
hvle/Rübelandbahn: 250 010 am 4.7.2005
in Hüttenrode.   Foto: Dirk Endisch

Verlagshinweis
Bedingt durch ständige Kosten- und
Abgabeerhöhungen sind wir leider gezwungen den
Verkaufspreis für DIE KLEINBAHN
ab Band 16 auf EUR 18,00 festzusetzen.
Wir bitten um das Verständnis unserer Leser.

**ZEUNERT'S
SCHMALSPURBAHNEN
Band 25
erscheint im Dezember 2006**

**DIE KLEINBAHN
im Internet:
www.zeunert.de**

Regionalbahnen in Deutschland

Ahaus-Alstätter Eisenbahn GmbH (AAE)

Zum 1.10.2005 hat die AAE ihre Wagenwerkstatt in Alstätte geschlossen. Da das verbliebene Ersatzteillager in der Regel über die Straße bedient wird, ist dem Schienengüterverkehr auf der AAE damit die wesentliche Basis entzogen worden. Während die Kleinlok ALSTÄTTE III (Köf II, ex BE-D 15) abgestellt wurde, bleibt die Streckenlok ALSTÄTTE II bis auf weiteres. für den sporadisch noch möglichen Güterverkehr betriebsbereit. Die AAE hat die Infrastruktur der Strecke Ahaus -Alstätte allerdings im Dezember 2005 zur Übernahme durch Dritte ausgeschrieben. Sollte kein neuer Betreiber gefunden werden und es zur Stillegung der Strecken kommt, wäre davon auch die dort tätige Museumsbahn betroffen. *Dieter Riehemann*

AKN Eisenbahn AG (AKN)

Am 15.5.2006 erfolgte der symbolische erste Spatenstich vom dritten Bauabschnitt für den zweigleisigen Ausbau der AKN-Strecke Hamburg-Kaltenkirchen. In der ersten Baustufe erfolgt jetzt zunächst der zweigleisige Streckenausbau zwischen Bönningstedt und Hasloh. Die Bauarbeiten werden bei laufendem Betrieb ausgeführt. Im Wesentlichen investieren der Bund, das Land Schleswig-Holstein und die AKN in diesen Teilabschnitt etwa 9,7 Millionen EURO. Die AKN ist Bauherr für den gesamten Abschnitt. Im Sommer 2007 soll die Inbetriebnahme der ausgebauten Strecke erfolgen.

Die rasante Entwicklung der Metropolregion Hamburg und der damit verbundene stetige Zuwachs an Fahrgästen machen den weiteren zweigleisigen Ausbau erforderlich. Schleswig-Holstein und Hamburg haben deshalb vereinbart, den zweigleisigen Ausbau in einer Gesamtmaßnahme mit mehreren Bauabschnitten zu realisieren. Bereits zum Jahresende 2005 erhielt die AKN den Planfeststellungsbeschluß für den Ausbau der Strecke zwischen Bönningstedt und Hasloh. Auf diesem 3,5 Kilometer langen Abschnitt wird ein zweites

AAE: Lok ALSTÄTTE III am 26.5.2006 in Alstätte an der Wagenwerkstatt.   Foto: Dieter Riehemann

2 Die Kleinbahn

Gleis verlegt. Die Linie A 1 ist heute das Kernstück der AKN. Sie verbindet das südliche Schleswig-Holstein mit der Metropole Hamburg. Über 13 Millionen Fahrgäste im Jahr befördert die AKN mit steigender Tendenz. 1996 wurde das Signal für den Aus- und Neubau des ersten Streckenabschnittes zwischen Henstedt-Ulzburg und Kaltenkirchen gegeben. Durch Investitionen von ca. 84 Millionen EURO, an denen der Bund, das Land Schleswig-Holstein, der Kreis Segeberg, die Stadt Kaltenkirchen sowie die Gemeinde Henstedt-Ulzburg als Geldgeber im wesentlichen beteiligt waren, wurde die Linie A 1 zwischen den Bahnhöfen Ulzburg Süd und Kaltenkirchen Süd zweigleisig ausgebaut. In diesem Zusammenhang wurde der Bahnhof Henstedt-Ulzburg in Tieflage neu errichtet.

Von 2001 bis 2004 wurde der zweite Abschnitt zwischen Hamburg-Eidelstedt und Hamburg-Schnelsen realisiert und zwei Bahnhöfe neu gebaut. Wieder wurden 66 Millionen EURO durch den Bund und die Freie und Hansestadt Hamburg investiert. In den vergangenen beiden Jahren wurden schließlich der Bahnhof Kaltenkirchen neu und der Bahnhof Quickborn umgebaut. Es folgten im Herbst 2004 die Arbeiten für die höhenfreie Einfädelung der AKN-Züge in den Bahnhof Eidelstedt. Die AKN-Bahnen werden nun kreuzungsfrei in den S-Bahnhof Eidelstedt eingeführt.

Jetzt werden die Streckenabschnitte Hasloh-Quickborn und Hamburg-Schnelsen - Bönningstedt ausgebaut. Für den zweigleisigen Ausbau des Strecken-

AAE: Lok Alstätte III am 26.5.2006 in Alstätte. Foto: Dieter Riehemann

AAE: Salonwagen am 26.5.2006 in Alstätte. Foto: Dieter Riehemann

AKN (Barmstedt-Ulzburg): VT 2.41 am 19.9.2002 im damals neuen Haltpunkt Langeln. Foto: Dieter Riehemann

AKN: *VT 2.67 am 15.7.2000 auf der zweigleisigen Strecke Ulzburg-Kaltenkirchen Süd kurz vor Kaltenkirchen Süd.* *Foto: Heinz-Werner Rehder*

AKN: *VT 3.08 mit Hilfszugwagen 2089 am 9.1.2000 zwischen Wiemersdorf und Bad Bramstedt beim Kilometer 51.248.* *Foto: Heinz-Werner Rehder*

4 Die Kleinbahn

AVG: *Tw 840 am 26.8.2006 in der Innenstadt von Heilbronn.*   *Foto: I. Zeunert*

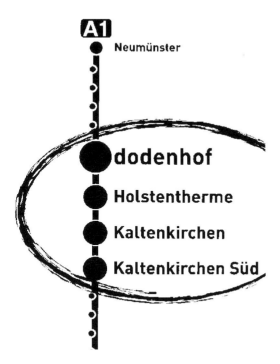

Lageplan Hp dodenhof.   *Skizze AKN/pr.*

abschnitts Hasloh-Quickborn hat die AKN bereits die Einleitung des Planfeststellungsverfahrens beantragt. Noch 2006 rechnet das Eisenbahnun-

ternehmen mit einem Planfeststellungsbeschluß. Zum Ausbau der Strecke von Hamburg-Schnelsen nach Bönningstedt haben entsprechende Vorplanungen begonnen.

Seit 29.3.2006 halten die Züge der AKN Eisenbahn AG erstmalig direkt bei der Firma »dodenhof« in Kaltenkirchen. Damit ist »dodenhof« Schleswig-Holsteins erstes Mode- und Einrichtungshaus mit Schnellbahnanbindung. Der neue, gleichnamige Bahnhof dodenhof ging mit Eröffnung des hoch modernen Modehauses in Betrieb und ist nur zwei Gehminuten von dessen Gebäudekomplex entfernt. Die Idee einer eigenen »dodenhof«-Haltestelle war in der Planungsphase des Modehauses nach Gesprächen zwischen der Firma, der Stadt Kaltenkirchen und der AKN entstanden. Die neue Haltestelle, die auf Höhe des Abhollagers liegt, ist mit einem Wetterschutz und modernen Lampen ausgestattet. Es gibt einen Fahrkartenautomaten, an dem die Kunden Fahrscheine nach dem Schleswig-Holstein-Tarif (SH-Tarif) und für den Hamburger Verkehrsverbund (HW) kaufen können. Bislang erreichten Bahnfahrer das Kaufhaus über die benachbarte, fünfzehn Gehminuten entfernte Kaltenkirchener AKN-Station Holstentherme/dodenhof. Diese Station heißt ab sofort nur noch Holstentherme.   *Jörg Minga/AKN/pr.*

Bentheimer Eb.: Die neue D5 am 27.3.2006 am Bw in Nordhorn.   Foto: Dieter Riehemann

Albtal Verkehrs-Gesellschaft (AVG)

Am 10.12.2005 wurde der Stadtbahnabschnitt Heilbronn/Trappensee bis Öhringen/Cappel in Betrieb genommen. Somit steht eine durchgehende Verbindung über Eppingen in die Heilbronner Innenstadt bis Öhringen und umgekehrt zur Verfügung.   *GK*

Bayern-Bahn Betriebs GmbH (BBB)

Nach Generalüberholung bei Alstom Lokomotiven Service in Stendal traf die Diesellok 212 100 (MaK 1964/1000236) in Nördlingen ein, wo sie bereits früher als DB-Lok.V 100 2100 beheimatet gewesen war.
Die BBB wird sie auf den von ihr betriebenen Strecken nach Gunzenhausen und Dombühl einsetzen.

Bentheimer Eisenbahn AG (BE)

Die BE hat im November 2005 die Lok 8 der Mülheimer Verkehrsgesellschaft mbH erworben und im Februar 2006 nach Anpassungsarbeiten und Neulackierung in Betrieb genommen.

Die mit der Betriebsnummer D 5 (2. Besetzung) versehene Lok (Kaelble-Gmeinder/ Siemens 1990/ 5692, Typ DE 500 C) soll vorwiegend im schweren Rangierdienst (z.B. Kieszüge in Nordhorn und Coevorden) eingesetzt werden.*Dieter Riehemann*

Regiobahn Bitterfeld Berlin GmbH (RBB)

Durch Fusion der Connex-Unternehmen Regiobahn Bitterfeld (RBB) und RailCargo Berlin (RCB) entstand im August 2005 das neue Unternehmen mit der Bezeichnung Regiobahn Bitterfeld Berlin GmbH (RBB).   Dieter Riehemann

Bocholter Eisenbahn Gesellschaft (BEG)

Die Kupferzüge Lünen-Hettstedt werden seit Mai 2006 von der Diesellok 212 325 der Transport-Schienen-Dienst (TSD) gezogen, die mit BEG-Beschriftung versehen worden ist.
Die im Regionalgüterverkehr eingesetzte BEG-Diesellok 360 608 erhielt bei den Eisenbahn Werkstätten Krefeld einen Neulack in den Farben Grau und Orange. Sie bedient Anschlüsse in Emmerich und fährt Übergabezüge nach Arnhem und Zevenaar (Niederlande).

Regiobahn-Bitterfeld: Lok 1001-130 am 22.3.2006 in Aschersleben. *Foto: Dieter Riehemann*

Brohltal-Schmalspureisenbahn-Betriebsgesellschaft mbH (BEG)

Die BEG ist inzwischen, in enger Kooperation mit der Rhein-Sieg-Eisenbahn (RSE), auch auf den Normalspurstrecken der DB Netz AG aktiv und hält dafür eigene bzw. angemietete Normalspurdieselloks vor. In diesem Rahmen ist auch der Normalspurbetrieb im dreischienig ausgerüsteten Brohler BEG-Güterbahnhof bzw. Hafen wiederbelebt worden. Im Hafen Brohl wird besonders Schotter verladen. *Dieter Riehemann*

ehem. Buxtehude-Harsefelder Eisenbahn

Der Bahnhof Buxtehude Süd (ex. Klbf BHE) ist mittlerweile komplett abgerissen worden. Der gesamte Bereich ist für eine neue Parkanlage im Rahmen der S-Bahn-Verlängerung nach Stade ab Dezember 2007 vorgesehen. Die Einfahrt aus Richtung Harsefeld ist mit einer Schutzweiche gesichert. Weiter in Richtung Harsefeld ist der Anschluß zum Lager der Fa. Diesel seit Jahren aufgegeben. Die Anschlußweiche ist ausgebaut.
Der Bf. Ottensen ist aufgegeben. Bis auf das Streckengleis sind alle Gleise (einschließlich des Anschlußgleises der Fa. Pionier) entfernt worden. Im Bf. Apensen ist das vordere Anschlußgleis zur Fa. Stader Saatzucht entfernt. Das hinter Anschlußgleis, das seitlich vorbei führt, liegt noch, ist aber durch eine Sh 2-Tafel gesperrt. Auch der Anschluß der Fa. Pinkenpach (Elbe-Obst) ist noch vorhanden, zur Zeit aber ohne Verkehr.
Die Lage in Harsefeld: Die Strecke von Buxtehude ist aus Richtung Weißenfelde über die Brücke der Strecke nach Hollenstedt bis ca. km 12,0 abgebaut. Die Strecke von Buxtehude hat eine neue Einführung in den Bahnhof Harsefeld Nord (siehe DIE KLEINBAHN 13, S. 14 Foto Mitte). Der Bahnhof Harsefeld Süd ist nur noch als Rangierfahrt zu erreichen. Der Anschluß der Fa. Cordes in km 12,4 liegt noch, aber der zum Holzwerk ist mit der Weiche abgebaut worden. Der Anschluß Fa. Stader Saatzucht in km 12,8 liegt noch.
Die Situation der Strecke Harsefeld-Hollenstedt: Etwa 500-600 m von Harsefeld in Richtung Beckdorf sind abgebaut. Die Strecke ist 1980 von Harsefeld bis Beckdorf (u.a. durch einen Gleisumbauzug aus Kassel) komplett erneuert worden.
Im Bahnhof Beckdorf ist der Bahnübergang über die Kreisstraße nach Sittensen im Mai 2006 bei Straßenbauarbeiten überasphaltiert worden.

ehem. Buxtehude-Harsefelder Eisenbahn (BHE): *Lok 276 rangierte am 18.10.1990 an der Rübenverladeanlage in Harsefeld Süd.* Foto: Dieter Riehemann

ex BHE: *Ende der BHE-Srecke ca. 200 m in Richtung Weißenfelde. Das weitere Gleis bis zur Brücke ist abgebaut.*

ex BHE: *Hier etwa war die Weiche zum Holzwerk Dammann. Das Werk samt Abstellgleis existiert nicht mehr.*

ex BHE: *Zweiwegebagger einer Gleisbaufirma im ehemaligen Bahnhof Buxtehude Süd.*

ex BHE: *Abgebautes Ausfahrgleis in Ri. Harsefeld. Rechts ex Übergabegleis zum DB-Bf.-Buxtehude.*

ex BHE: Abgebautes Übergabegleise zur DB im Bahnhof Buxtehude.

ex BHE: Abriß vom Bahnhofgebäude im Bahnhof Buxtehude Süd (21.6.2006.)

ex BHE: Bahnhof Apensen, Blickrichtung Buxtehude. Links das letzte Gleis zur Stader Saatzucht.

ex BHE: Anschlußgleis zum Betrieb Elbe-Obst im Bahnhof Apensen.

ex BHE: Bahnhof Starsebeck-Moisburg, Blickrichtung Harsefeld.

ex BHE: Die Strecke kurz vor Hollenstedt.
ex BHE-Fotos (10) von Wolfgang Quolke

Der Bahnhof Starsebeck-Moisburg ist noch vorhanden, aber die Gleise sind in einem sehr schlechten Zustand. Die Schienen tragen ein Walzzeichen von 1916. Auch auf der Strecke kurz vor Hollenstedt ist der Gleisoberbau in sehr schlechtem Zustand. Ein Draisinenprojekt, das die touristische Attraktivität der Region fördern sollte, ist so nicht möglich. *Wolfgang Quolke*

AHG Handel & Logistik

Die AHG Handel & Logistik, Cottbus hat von den Stadtwerken Chemnitz die Anschlußbahn Küchwald-Glösa einschließlich der Dieselloks 1 (LEW 1983/17695; Typ DR V60D), 3 (LEW 1979/16530; Typ DR V60D) und 4 (LEW 1968/11905; Typ DR V100) übernommen.

EVB: *VT 152 und VT/VS 154 am 23.5.2006 vor dem Bw Bremervörde.*   *Foto: Dieter Riehemann*

Connex Sachsen-Anhalt GmbH
HarzElbeExpress -HEX-

Ende 2003 wurde der SPNV auf den Strecken Magdeburg-Halberstadt-Thale, Halberstadt-Blankenburg, Könnern-Bernburg sowie (nur Regionalbahnen) Halle(Saale)-Halberstadt-Vienenburg ab Fahrplanwechsel Dezember 2005 an Connex vergeben.

Die von Connex gegründete Connex Sachsen-Anhalt GmbH befährt das genannte Netz seit dem 11.12.2005 unter dem Markennamen HarzElbe-Expreß (HEX) mit neu beschafften Triebwagen der Typen LINT 27 (sieben einteilige LINT mit den Betriebsnummern VT 870-876) sowie LINT 41 (zwölf zweiteilige LINT mit den Betriebsnummern VT 800–811).

Auf der Strecke Halle-Vienenburg fährt der HEX im Zweistundentakt, der durch Regionalexpresszüge der DB AG auf einen Stundentakt verdichtet wird; einzelne weitere HEX-Fahrten finden auf Teilstrecken statt. Zwischen Magdeburg und Thale besteht grundsätzlich ein Stundentakt, der aber bis Halberstadt wegen stündlichem Wechsel von Zügen, die auf allen bzw. nur an bestimmten Stationen halten, versetzt ist. Auf den vorgenannten Strecken sind alle Fahrzeugtypen und Fahrzeugkupplungen vorzufinden. Die einteiligen LINT 27 sind regelmäßig als Solofahrzeuge im Pendelverkehr Könnern-Bernburg (Zweistundentakt) sowie Halberstadt-Blankenburg (Stundentakt) unterwegs.

HEX bietet außerdem einen Wochenendausflugszugpaar an, das an Samstagen und Sonntagen von Berlin über Magdeburg mit Flügelzügen nach Wernigerode-Vienenburg und Quedlinburg-Thale verkehrt.   *Dieter Riehemann*

Eisenbahnen und Verkehrsbetriebe Elbe-Weser GmbH (EVB)

Die 2005 beschaffte Großdiesellok 420.11 des Siemens-Typs ER 20 (Eurorunner) hat sich außerordentlich gut bewährt. Das führte im ersten Halbjahr 2006 zur Beschaffung weiterer zwei Loks dieses Typs mit den EVB-Betriebsnummern 420.12 (Siemens 2006/21182) und 420.13 (Siemens 2006/21150).

Der saisonale und als »Moorexpress" bekannte« Personenverkehr Osterholz-Scharmbeck - Bremervörde -Stade fuhr in der Saison 2006 erstmals durchgehend ab/bis Bremen Hbf und erübrigte

EVB: VT 103 + VT 104 am 23.5.2006 in Heinschenwalde.

EVB: Diesellok 410.01 am 23.5.2006 mit Güterzug zwischen Sellstedt und Wehdel.   *Fotos (3): Dieter Riehemann*

Ecco-Cargo

Im durch verschiedene EVU betriebenen Ecco-Cargo-Netz werden Einzelwagen und Ganzzüge von verschiedenen Ladestellen zu Netzstützpunkten gebracht und von dort in Ganzzügen zu bestimmten Zielpunkten gebracht, also beispielsweise Holz zu Spannplattenwerken. Diese Transporte sind ein interessanter Zweig des Güterverkehrs, können aber durch ständig wechselnde Transportaufträge nur schwer dokumentiert werden. Auch ist es kaum möglich, die zum Einsatz kommenden EVU-eigenen Lokomotiven oder Mietloks lückenlos aufzulisten. Nachfolgend ein kleiner (und sicher nicht vollständiger) Überblick über einige Ecco Cargo Transportaktivitäten.
- Die Mittelweserbahn befördert Anschlußzüge von Köln-Eifeltor nach Düsseldorf-Reisholz, Neuss und Bergisch-Gladbach. In Bergisch-Gladbach ist eine MWB-Rangierlok stationiert.
- Auf den Ecco-Cargo-Verbindungen »Hanseat« und »Unterweser« werden Zellulose vom

damit das bisher erforderliche Umsteigen in Osterholz-Scharmbeck. Da weiterhin zwei Zuggarnituren im Einsatz sind, machte das einige erhebliche zeitliche Fahrplanänderungen erforderlich.
Nachdem von der 2005 gekauften dreiteiligen Schienenbusgarnitur der ex DB-VT 796 828 als VT 169 und der ex DB-VS 996 461 als VS 117 in Betrieb genommen wurde, fahren beide »Moorexpress«-Umläufe nun in der Regel mit ex DB-Schienenbussen.

Dieter Riehemann

EVB: Diesellok 622.01 am 26.9.2006 vor dem Bw Bremervörde.

Eurobahn (Alzey-Kirchheimbolanden): VT 1.01 (rechts) und VT 1.02 am 15.3.2003 im Betriebsbahnhof Mosheim.
Foto: Joachim Schwarzer

Unterweserhafen Brake nach Hagen-Kabel gefahren. In Hagen-Kabel ist eine MWB-Rangierlok stationiert.

- Mit der Verbindung »Hanseat« wird Tornesch bedient, wo an die Norddeutsche Eisenbahn (NEG) übergeben wird.

- Regelmäßige Holztransporte werden durch Wald-Horst-Forst (WHF) von Schleusingen(Thüringen) nach Schweinfurt (Bayern) gefahren, wo sie in Züge das Ecco-Cargo-Netzes übergehen.

- Die Pressnitzbahn (PRESS) fährt als »Austria« von Celle, Cottbus, Eberswalde-Hafen, Fürstenwalde, Velten und Ziltendort sowie von Ladestellen der Niederlausitzer Eisenbahn Holzzüge für die Salzburger Eisenbahn Transport Logistik (SETG) nach Österreich.

- Rent-a-Rail Eisenbahn-Service (RAR) bedient den Zubringerverkehr ab dem Ecco Cargo-Knoten Donauwörth in Richtung Kastl, Münchsmünster und Saal.

- Eingestellt wurden die Ecco-Cargo-Verbindungen »Außerfern« nach Vils (Bedienung jetzt durch ÖBB), »Silvanus« von Nördlingen nach Niedergörne/Elbe (Holzschnitzel) und »Nördlinger Ries« von Wilburgstetten nach Nördlingen, die zwar weiter von der BayernBahn gefahren wird, jedoch für DB Railion

und nicht mehr für Ecco Cargo. Entfallen ist auch der Auftragsverkehr für rail4chem zwischen Duisburg-Rheinhausen und Rheden-Wetschen.

Eurobahn
Rhenus Keolis GmbH & Co KG

Rhenus Kelios betreibt bisher unter dem Markennamen »Eurobahn« Schienenpersonennahverkehr auf den Strecken Alzey -Kirchheimbolanden (mit Triebwagen des Typs RegioShuttle), Rahden-Bielefeld-Lemgo (mit Triebwagen des Typs TALENT) sowie Bünde-Löhne-Hildesheim-Bodenburg (mit Triebwagen des Typs LINT aus dem Pool der Niedersächsischen Landesnahverkehrsgesellschaft).

Wegen Ausfall des TALENT-VT 2.05 (Verwicklung in einen Bahnübergangsunfall) war zeitweise der VT 774 der Osnabrücker NordWestBahn angemietet.

Von Angel Trains Europa wurde ein ex Dortmund-Märkische Eisenbahn-Triebwagen als Eurobahn VT2.08 gemietet.

Im Rahmen einer Ausschreibung hat Rhenus Keolis Anfang 2006 den Zuschlag für den Regionalbahnverkehr auf folgenden nordrhein-westfälischen

Eurobahn (Bünde-Kirchlemgern-Herford/Löhne): *VT 2.04 nach Bielefeld (links) und VT 4.05 nach Bünde am 24.5.2006 im Bahnhof Kirchlengern.* Foto: Dieter Riehemann

Strecken erhalten:
Dortmund–Lünen-Münster
Dortmund-Unna-Soest
Münster-Hamm-Bielefeld
Münster-Hamm-Soest-Paderborn (-Warburg).
Das Unternehmen wird für diesen im Dezember 2008 aufzunehmenden Betrieb 25 elektrische Triebwagen (eines noch zu entscheidenden Typs) neu beschaffen und den Werkstattstützpunkt am Sitz der Niederlassung in Bielefeld ausbauen.
Aus dem von Rhenus (51%) und der französischen Keolis S.A. (49%) gegründete Unternehmen Rhenus Keolis zieht sich Rhenus jetzt zurück. Rhenus wird den Busbetrieb des bisherigen Gemeinschaftsunternehmens behalten, während Keolis den Bahnbetrieb unter dem Namen »Eurobahn« weiter betreiben wird. *Dieter Riehemann*

Frankfurt-Königsteiner-Eisenbahn AG (FKE)

In der Nacht zum 24.3.2006 traf der erste von Bombardier generalüberholte VT 2 E wieder in Königstein ein und wurde am gleichen Tag bei strömenden Dauerregen der örtlichen Presse vorgestellt. Dieser Termin war kurzfristig wegen der zwei Tage später stattgefundenen Kommunalwahl festgelegt worden. Gleich danach ging der Triebwagen wegen noch nicht abgeschlossener Restarbeiten in das Werk zurück und traf dann Ende Mai bei der FKE wieder ein. Zwischenzeitlich ist er im Planeinsatz zu sehen. Als weiteres Fahrzeug war bis Mitte August 2006 der VT 19 fertig gestellt.
In der Woche vor Ostern kamen die drei LVT 504 001, 002 + 005 in Königstein an, um dort Planleistungen der VT 2 E zu übernehmen, die nach und nach rekonstruiert werden. Gleich nach den Feiertagen begannen umfangreiche Ausbildungsfahrten. Am 24.4.2006 wurde der Planbetrieb mit fünf Zugpaaren an Montagen bis Freitagen aufgenommen. Gefahren werden die Züge um 05:01, 06:31, 08:01, 11:01 und 17:01 Uhr von Königstein zum Frankfurter Hauptbahnhof und gleich wieder zurück zum Ausgangspunkt. Planleistungen bei der Taunusbahn sind nicht vorgesehen. Leider sind die drei Triebwagen sehr störanfällig, so daß gelegentlich nur eine zweiteilige Garnitur im Einsatz ist. Zumindest bis Frühjahr 2007 sollen die Fahrzeuge bei der FKE bleiben. Die für FKE und TSB zusammen georderten zehn neuen Lint-Triebwagen sollen ab Spätherbst 2006 ausgeliefert werden. VT 204.1 und VT 204.2 trafen am 22.9.2006 in Königstein ein. *Joachim Schwarzer*

Frankfurt-Königstein: *Pressevorstellung des grundüberholten VT 01 am 24.3.2006 in Königstein.*

Foto: Joachim Schwarzer

Havelländische Eisenbahn AG (hvle)

Die Bahn besitzt jetzt drei ex-DR V 100, die bei Alstom Lokomotiven Service in Stendal grundüberholt worden sind:

V 160.1 (LEW 1974/14081; MTU-Motor; ex DR 202 654)

V 160.2 (LEW 1973/13905; MTU-Motor; ex DR 202 587)

V160.3 (LEW 1972/13472; Caterpillar-Motor; ex DR 202 433)

Außerdem neu bei der hvle:

V60.7 (LEW 1975/14600; ex DB 346 988)

Die hvle-Loks werden sukzessive silbern mit orangefarbenen Führerhausdächern und Zierstreifen umlackiert.

Hessische Landesbahn GmbH

Die HLB-Töchter Kassel-Naumburger Eisenbahn AG und Butzbach-Licher Eisenbahn AG übertrugen in 2005 ihr Vermögen auf die Frankfurt-Königsteiner Eisenbahn AG. Dies hing mit der Umstrukturierung der HLB zusammen, mit der dann für den Schienenverkehr schließlich die Gesellschaften HLB Hessenbahn GmbH (als Eisen-

bahnverkehrsunternehmen) und HLB Basis AG (als Eisenbahninfrastrukturunternehmen) entstanden. Die auf der VHT- sowie ehemaligen FKE-Strecke überwiegend eingesetzten und inzwischen fast zwanzig Jahre alten VT 2E werden bis Ende 2006 einem Redesign unterzogen, bei dem besonders die Innenausstattung erneuert und verändert wird. Dadurch sind immer etwa drei VT 2E nicht verfügbar.

Die HLB haben von Bombardier ersatzweise drei LVT-S (DWA 1998) erhalten. Die LVT-S verkehren regelmäßig »im Dreierpack« zwischen Königstein und Frankfurt (M) Hbf, allerdings nur während des Berufsverkehrs.

Ende 2006 werden auf der VHT- sowie ehemaligen FKE-Strecke auch insgesamt zehn neu zu liefernde LINT 41-Triebwagen zum Einsatz kommen, die die hessische Fahrzeugmangementgesellschaft »fahma« der HLB zur Verfügung stellen wird. Mit den neuen Fahrzeugen lassen sich bestehende Kapazitätsengpässe auf dem Taunusbahn-Netz beseitigen.

Allerdings ist zu vermuten, daß damit dann auch für die drei dem DB-Typ VT 628 entsprechende Triebwagenzüge der HLB der Bedarf entfällt.

Dieter Riehemann

Frankfurt-Königstein: *VT 72 nach Frankfurt am Main (links) und Leih-LVT 504 001 + 005 am 24.4.2006 im Bahnhof Königstein.* Foto: Joachim Schwarzer

HEX (Vienenburg-Halle/Saale): *VT 874 + VT 801 am 23.3.2006 in Sandersleben.* Foto: Dieter Riehemann

HEX (Magdeburg-Thale): *VT 801 am 21.3.2006 in Thale Hbf.*   Foto: Dieter Riehemann

HEX (Halberstadt-Blankenburg): *VT 870 am 22.3.2006 in Halberstadt.*   Foto: Dieter Riehemann

HzL: *VT 207 + 218 (links) und DB RegioShuttle der Ammertalbahn am 13.5.2004 in Herrenberg.*

Foto: Dieter Riehemann

Verkehrsbetriebe Grafschaft Hoya (VGH)

Mit Wiederinbetriebnahme des Teilstücks Heiligenfelde-Syke am 14.7.2006 ist die Gesamtstrecke Eystrup-Syke wieder durchgehend zu befahren.

Hunsrück-Querbahn / BASF Anschlu0bahn Langenlonsheim-Stromberg

In Ergänzung zu dem Bericht in DK 14 die Information, daß der Güterverkehr zu den Kalkwerken in Stromberg spätestens im Jahr 2010 enden wird. Die Stadt Stromberg war nicht bereit, weiteres Waldgelände aus Gemeindeeigentum dem Werk für dringend erforderliche Erweiterungsmaßnahmen zur Verfügung zu stellen, so daß dieses wegen Erschöpfung der Vorräte dann geschlossen wird. Ob es zu einer Wiederaufnahme des Reisezugverkehrs von Langenlonsheim über Simmern und Büchenbeuren bis zum Flughafen Hahn kommen wird, ist wegen der gekürzten Fördermittel beim Personennahverkehr noch nicht sicher. Rheinland-pfälzische Kommunalpolitiker möchten lieber bereits bestehende Strecken erhalten, statt eine stillgelegte Verbindung wieder zu reaktivieren. *Joachim Schwarzer*

Hohenzollerische Landesbahn (HzL)

Mietlok V23-01 (Gmeinder 1973/549) der Südwestdeutschen Verkehrs-AG (SWEG) wurde von den HzL gekauft und als V 24 eingereiht.

2005 kamen die RegioShuttle VT 46 (Stadler 2005/37398) und VT 47 (Stadler 2005/ 37399) neu zur HzL.

Die MAN-Schienenbusse VT 7 (MAN 1962/146632), VS 15 (MAN 1962/148022) und VB 21 (MAN 1956/142784) wurden im Juli 2006 an die Draisinenbahnen Berlin/Brandenburg abgegeben.

Kahlgrundbahn

Am 11.12.2005 übernahm die Hessische Landesbahn den Betrieb auf der Kahlgrundbahn Kahl-Schöllkrippen, nachdem sie die Ausschreibung für diese Strecke gewonnen hatte. Die Hessische Landesbahn beschaffte dafür sechs Dieseltriebwagen des Typs Desiro (VT 301-306), die in Butzbach gewartet werden und in den Wochen vor Fahrplanwechsel auf der Strecke Friedberg-Friedrichsdorf probegefahren wurden.

Bei der Kahlgrund Verkehrs-Gesellschaft (KVG) war man ziemlich verärgert darüber, daß die HLB die

Hohenzollerische landesbahn (HzL): *MAN-Triebwagen VT 7 am 10.5.1990 vor dem Bahnbetriebswerk Gammertingen.* *Foto: Ingrid Zeunert*

Ausschreibung gewonnen hat. Die KVG ist jetzt nur noch Infrastrukturbetreiber für die Strecke. Auch die Bevölkerung stand dem neuen Betreiber sehr reserviert gegenüber. Das führte zu Beschimpfungen des neuen Personals und zu Vandalismusschäden in den neuen Triebwagen, zum Beispiel aufgeschlitzte Sitze.

Aber das Fahrplanangebot wurde ausgeweitet. So wird die Strecke jetzt samstags bis gegen 16:00 Uhr im Stundentakt betrieben (bisher Zweistundentakt). Auch wurde ein täglich verkehrender abendlicher Zug und am Wochenende (freitags und samstags) ein Spätzug neu eingeführt. Der werktägliche Schülerzug wird jetzt aus einer dreiteiligen Triebwageneinheit gebildet.

Andreas Christopher

Von den KVG-Triebwagen sind die Desiro-VT 2000 und 2003 im Dezember 2005 an die Angel Trains Europa GmbH verkauft worden. VT 82 konnte Anfang 2006 zeitweise an die DB ZugBus Alb-Bodensee vermietet werden (Einsatz auf der Strecke Münsingen-Gomadingen), wurde aber inzwischen wieder zurückgegeben.

Infolge einer Entgleisung in Alzenau am 8.2.2006

fiel der HLB ein Desiro-VT längerfristig aus. Ersatzweise kamen zwei HLB-GTW in den Kahlgrund.

Dieter Riehemann

Wenig erfreulich sieht es für die Triebwagen aus alten KVG-Beständen aus. Die bei der BLE in Pohlgöns ungeschützt hinterstellten Fahrzeuge wurden optisch sehr verunziert. Nun hat man all diese Fahrzeuge wieder im Kahlgrund zusammen gezogen. Per Stand 19.7.2006 bot sich folgendes Bild: In Kahl stehen in äußerlich schlechten Zustand VT 81, VS 183 + 184. VT 80 befindet sich mit Farbe beschmiert in Blankenbach, und VT 82 + 97 sind im Freigelände von Schöllkrippen abgestellt. Von der HLB, bzw. der BLE waren die Desiros VT 301, 302, 304-306 sowie die GTW VT 126 + 128 im Einsatz.

Der KVG-eigenen Werkstatt ist es gelungen, die in Aschaffenburg ansässige Westfrankenbahn, ein Tochterunternehmen der Deutschen Bahn AG, als Kunden zu gewinnen. Diese lässt ihre Triebwagen der Baureihe VT 628 + 642 in Schöllkrippen warten. Zudem hat die HLB die Vorzüge dieser Werkstatt erkannt und nutzt sie ebenfalls.

Joachim Schwarzer

Kahlgrund: *Rechts stehen KVG-NE´81-VT 81 + VS 183 + VS 184 abgestellt in Kahl. Links im Bild HLB-VT 306 nach Schöllkrippen.* Foto: Joachim Schwarzer

Kahlgrund: *VT 126+128 am 17.5.2006 zwischen Blankenbach und Schöllkrippen.* Foto: Dieter Riehemann

Kahlgrund: VT 301 + VT304 + VT305 am 21.12.2005 mit Schülerzug nach Schöllkrippen bei Schimborn.

Foto: Andreas Christopher

Kahlgrund: Von rechts nach links KVG-VT 97, HLB-VT 306 und HLB-VT 301 am 19.7.2006 im Bahnhof Schöllkrippen.

Foto: Joachim Schwarzer

Kahlgrund: *Von rechts nach links Westfrankenbahn-VT 642 022, HLB-VT 126+128, HLB-VT 306 und HLB-VT 301+302+304 am 19.7.2006 vor der KVG-Werkstatt in Schöllkrippen.*　　　*Foto: Joachim Schwarzer*

Seehafen Kiel (SK)

DIe SK hat von den Verkehrsbetrieben Kreis Plön (VKP) alle Güterzugleistungen in Kiel zum Kraftwerk Ostufer und in den Kieler Ostuferhafen übernommen. Im DB AG-Rangierbahnhof Kiel-Meimersdorf wird von der SK der Rangierdienst durchgeführt.
Lokeinsatz:
SK-Lok 6 (Vossloh-VSFT 2001/100113)
Mietlok MaK2000 (Vossloh 2004/1001458)

Häfen und Güterverkehr Köln (HGK)

Neu bei der Bahn:
DH 705 ((Vossloh 2006/ 5001594; MaK 1700)

Kreisbahn Mansfelder Land GmbH (KML)

Unverändert bedient die KML mit den Esslinger-Triebwagen im Auftrag der DB AG die Strecke (Helbra-) Klostermansfeld-Wippra. Das Land Sachsen-Anhalt beabsichtigt allerdings, die Bedienung der Strecke neu zu vergeben. Die Vergabebedingungen lassen Altbaufahrzeuge zu,

so daß zu vermuten ist, daß die KML die Strecke künftig in Eigenregie bedienen soll.
Die Fahrgastzahlen auf der so genannten »Wipperliese« sind relativ bescheiden, und vor dem Hintergrund der Einschnitte bei den Regionalisierungsmitteln ist keineswegs von einem dauerhaften Bestand des SPNV nach Wippra auszugehen. Derzeit ist der Verkehr aber bis 2008 als gesichert anzusehen.　　　*Dieter Riehemann*

SWEG - Meckesheim-Hüffenhardt-Aglasterhausen

Noch gibt es das MAN-Schienenbusparadies mit VT 9, 26, 27 + VS 142 und Planleistungen montags bis freitags auf allen Streckenästen. Wie es dort weiter geht, ist zwischenzeitlich sehr widersprüchlich geworden. Während örtliches Personal davon ausgeht, daß spätestens Ende 2008 der Zugverkehr unter SWEG-Regie enden wird, scheint es jetzt Gedankengänge zu geben, zumindest die modern ausgerüstete Werkstatt in Neckarbischofsheim Nord zu erhalten und nach Möglichkeit die Hüffenhardter Strecke für die umfangreiche

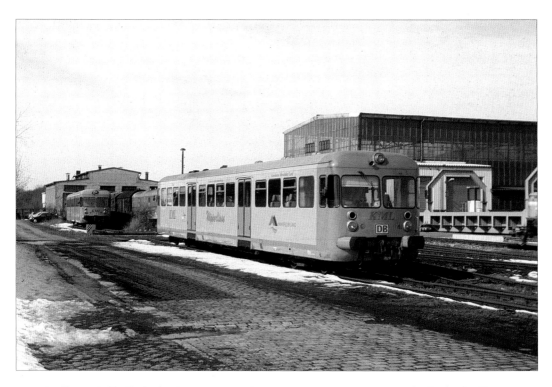

Mansfeld: VT 408 und VT 407 (hinten) am 24.3.2006 in Klostermansfeld. Foto: Dieter Riehemann

Mansfeld: VT 408 am 24.3.2006 im Werkstattgelände Klostermansfeld. Links sind der Bahnsteig und Personenwagen der Bergwerksbahn zu sehen. Foto: Dieter Riehemann

SWEG-Nebenbahn Meckesheim-Aglasterhausen-Hüffenhardt: *MAN-VT 9 + VS 142 nach Aglasterhausen (links) und VT 121 nach Neckarbischofsheim-Stadt am 18.7.2006 in Neckarbischofsheim Nord.*

Foto: Joachim Schwarzer

SWEG-Nebenbahn Meckesheim-Aglasterhausen-Hüffenhardt: *MAN-VT 9 + VS 142 am 18.7.2006 in Aglasterhausen.*

Foto: Joachim Schwarzer

Mittelweserbahn: V 1201 (ex DR 112 753) als Bauzuglok 2004 beim Umbau der DB-AG-Strecke Neuss-Grevenbroich (RB 38). Foto: Helmut Müller

Mittelweserbahn: V 2301 vor Bauzug 2004 in Neuss Hbf. Foto: Helmut Müller

NordOstseeBahn: *VT 309 + 306 am 25.5.2003 im Bahnhof Ohrstedt.*   Foto: Dieter Riehemann

Hüffenhardter Strecke für die umfangreiche Holzabfuhr aus dieser Region zu nutzen. Die Verbindung Meckesheim - Aglasterhausen wird trotz gekürzter Fördermittel für den Personennahverkehr ab diesem Zeitpunkt S-Bahn-mäßig ausgebaut. Gleichzeitig sollen die hier noch bestehenden Holzumschlagsstellen in Waibstadt, Helmstadt und Aglasterhausen geschlossen werden, so daß sich als Ausweichmöglichkeit der Ast nach Hüffenhardt anbieten würde.

Auch im Sommer 2006 gab es umfangreiche Holztransporte von allen bekannten Verladestellen, ferner fanden bedarfsweise Bedienungsfahrten zum Bundeswehrdepot in Siegelsbach statt.

Joachim Schwarzer

Mittelweserbahn GmbH (MWB)

Die MWB hat seit 2006 einen Dieseltriebwagen im Besitz. Es handelt sich um den 1959 von MaK unter der Fabriknummer 513 gebauten Großraumdieseltriebwagen (GDT), der bereits einen bewegten Lebenslauf hat. Zunächst war er bei den Osthannoverschen Eisenbahnen AG (OHE) als GDT 0520 im Einsatz. Durch Einstellung des SPNV bei den OHE gelangte das Fahrzeug in 1977 (mit weiteren

fünf OHE-GDT und über die Fa. Glaser als Zwischenhändler) an die italienische Bahngesellschaft ACT. Die Triebwagen erhielten dort die Betr.-Nr. 2457-2462. Der Verein AVL Lüneburg erwarb 1999 alle sechs ex OHE-GDT und überführte sie zurück nach Deutschland. Die ex OHE-GDT 0516, 0517, 0520 und 0522 veräußerte man an die Prignitzer Eisenbahn (PEG) weiter, die dann 2003 den GDT 0520 als VT 20 und den GDT 0516 als VT 21 in Betrieb nahm. Die Inbetriebnahme der ex GDT 0517 und 0522 erfolgte nicht, zumal es durch Beschaffung von Neubautriebwagen aktuell auch keinen Bedarf für die GDT gibt.

So wurde der VT 20 noch 2003 an den Fahrzeugbauer Vossloh (MaK-Nachfolger) weiterverkauft. Die von Vossloh beabsichtigte Nutzung des GDT für historische Fahrten kam nie so recht in Gang, und zeitweise war er an die neg Niebüll verliehen. Nunmehr ist der Triebwagen in das Eigentum der MWB (Betriebsnummer T 3) übergegangen. Über seine Verwendung (nach Reparatur und Neulack) wird noch entschieden.

Die Stahlberg Roensch (SR) ist seit dem 1.1.2006 neuer Mehrheitsgesellschafter der Mittelweserbahn. SR und die Tochtergesellschaften RCN Logistik und Rail Center Bützow (RCB) sind in verschiede-

VIAS (Odenwaldbahn): *Zwei ITINO-Tiebwagen am 11.12.2005 (Eröffnungstag) im Bahnhof Seligenstadt.*
Foto: Andreas Christopher

nen Bereichen des Gleisbaus, der Bahnlogistik und von Bahnverkehrsleistungen tätig.
Dieter Riehemann

NordOstseeBahn (NOB)

Im April 2006 trafen die drei ÖBB-Elloks 2016 041, 2016 042 und 2016 043 in Husum zur Verstärkung des NOB-Ztirbfahrzeugbestandes ein. Über die Osterfeiertage 2006 wurden die NOB-Züge auf der Strecke Kiel-Husum verlängert, um den starken Andrang von Reisenden zu bewältigen.. Etwa 100.000 Reisende wurden pünktlich befördert.
Große Kapazitätsprobleme und viel Ärger mit den Reisenden gab es zur Urlaubszeit. Deshalb wurden an den Wochenenden zwei Züge ab Westerland und ein Zug ab Hamburg-Altona auf zehn Waggons verlängert.
NOB-Lok DE2700-09 (SFT 1995/30013) wurde im August 2006 durch einen Brand beschädigt.

VIAS (Odenwaldbahn)

Am 11.12.2005 übernahm die Firma VIAS, ein Zusammenschluß der Dürener Rurtalbahn GmbH mit der Verkehrsgesellschaft Frankfurt, den Betrieb auf dem Odenwaldnetz. Es handelt sich um die Strecken Hanau-Babenhausen-Wiebelsbach sowie Darmstadt-Wiebelsbach-Erbach-Eberbach mit jeweils durchgehenden RE-Fahrten bis Frankfurt Hbf.
Die Fahrten über Darmstadt nach Frankfurt sind neu. Dazu wurden extra im Bahnhof Darmstadt Nord Gleisverbindungen gebaut, damit die Züge von Darmstadt Ost direkt nach Frankfurt fahren können.
Für den Betrieb stehen 22 neue Triebwagen des Typs Itino zur Verfügung, die zunächst im Bahnbetriebswerk der Frankfurter Hafenbahn gewartet werden. Die neue Werkstatt der VIAS bei Michelstadt wird erst im Laufe des Jahres 2006 in Betrieb gehen.
In den Jahren 2006 und 2007 sollen die Bahnhöfe an den Strecken modernisiert und ein zentrales Stellwerk für das gesamte Odenwald-Netz in Betrieb genommen werden, was eine Beschleunigung der Züge und einen noch etwas dichteren Fahrplan bringen wird.
Andreas Christopher
Die 22 von der hessischen Fahrzeugmanagementgesellschaft »fahma« bei Bombardier beschafften

Prignitzer: *PEG-Triebwagen auf der Fahrt nach Dorsten im August 2005 im Bahnhof Gladbeck West.*

Foto: Helmut Müller

Intino-Dieseltriebzüge erhielten die Betriebsnummern VT 101-122. Die Rurtalbahn half mit RegioSprintern aus, als es in den ersten Wochen zu Problemen mit den Intino-Triebwagen kam. Bombardier führte daraufhin technische Änderungen an den Fahrzeugen durch. Daß sich der neue Betreiber zunächst nicht so erfolgreich war, hatte allerdings auch mit mangelnder Routine bei den engen Fahrplan- und Umlaufzwängen sowie Unerfahrenheit hinsichtlich der im Berufsverkehr erforderlichen Platzkapazitäten zu tun.

Dieter Riehemann

Osthannoversche Eisenbahnen AG (OHE)

Die OHE fährt für die Transport- und Cargoservice (TCS) Containerganzzüge von Hamburg nach Dresden und Halle. Zum Einsatz kommt MRCR-Ellok 185 546 (Bombardier 2005/33735) unter der OHE-Betr.Nr. 185-001.
Für LTH Transportlogistik werden in verschiedenen Verbindungen Holztransporte mit Dieselloks und Elloks gefahren. Aushilfsweise kamen dazu u.a. auch NOHAB-Dieselloks von Eichholz Verkehr & Logistik (EIVEL) und die V 6 der Mindener Kreis-

bahnen (MKB) für die OHE zu Einsatz.
Da die Haupteigentümer der OHE die Bahngesellschaft verkaufen wollen, kam es zu einem Bieterverfahren, aus dem sechs Unternehmen hervorgingen, die ein Kaufangebot abgeben können. Der Verkauf ist an Beschäftigungsgarantien für die Mitarbeiter, Bestandserhaltung einiger OHE-Strecken und Weiterveräußerungsverbote für Tochterunternehmen (z.Bsp. metronome) gebunden.

Verkehrsbetrieben Peine-Salzgitter (VPS)

Für den Stahlverkehr von Salzgitter nach Ilsenburg wurden zwei weitere Dieselloks beschafft:
1504 (Gmeinder 2000/5739)
1505 (Gmeinder 2000/5740).
Zwischen März und September 2006 wurden von den VPS Düngekalkzüge von Scharzfeld und Salzhemmendorf zu Zielbahnhöfen in Schleswig-Holstein und Mecklenburg-Vorpommern gefahren.
Für einige Zeit verkehrte wöchentlich einmal ein Zug mit Stahlbrammen zwischen Oberhausen und Salzgitter.

PEG: *T 5 + T 8 + T 6 am 16.9.2006 abgestellt in Meyenburg.*   *Foto: Ingrid Zeunert*

PEG: *T 10 am 16.9.2006 abgestellt in Meyenburg.*   *Foto: Ingrid Zeunert*

PEG: *VT 21 abgestellt am 16.9.2006 im Bahnhof Meyenburg.* Foto: Ingrid Zeunert

Von OnRail wurden Güterwagen gemietet, die für die Kalkzüge Blankenburg-Salzgitter eingesetzt werden.

Im Rahmen des Containerverkehrs »Baltic Train« der Kali-Transport Gesellschaft werden Züge Salzgitter-Bremerhaven und Salzgitter- Hamburg-Waltershof gefahren.

Prignitzer Eisenbahn GmbH (PEG)

Durch einen Unfall (Flankenfahrt mit einem Bauzug der Hochwaldbahn im Bf. Gladbeck West am 26.7.2005) fiel der Bombardier/Talbot-Triebwagen VT 643.05 der PEG für längere Zeit aus, so daß im NRW-Netz der PEG einige Monate lang diverse Ersatzfahrzeuge zum Einsatz kamen. Zunächst wurden zwei eigene Regioshuttle (VT 35 + VT 39) von Meyenburg nach Mülheim/Ruhr versetzt, die im »Stammnetz« durch je einen Regioshuttle der Tochter- bzw. Schwestergesellschaften ODEG und Regentalbahn ersetzt wurden. Später kamen dann in NRW zwei von Angel Trains gemietete Desiro-Triebwagen (VT 601, später ersetzt durch VT 600, und VT 602) nach Mülheim, die inzwischen zurückgegeben wurden.

Von den PEG-Schienenbussen waren Ende 2005 nur noch die T 6, T 11 und T 12 im Betriebsbestand. Planmäßig werden sie nicht mehr benötigt. Mittelfristig wird wohl nur der T 11 verfügbar bleiben. Der Wagen erhielt im Sommer 2005 einen Neulack entsprechend dem MaK-Großraumtriebwagen VT 21. Beide sind derzeit in Meyenburg abgestellt.

Das Ministerium für Infrastruktur und Raumordnung des Bundeslandes Brandenburg hat Vorschläge veröffentlicht, in welcher Form auf die Kürzung von Mitteln für den Reginonalverkehr durch die Bundesregierung reagiert werden könnte. Dazu könnte u.a. ab Dezember 2006 die Einstellung des Personenverkehrs auf den PEG-Strecken Pritzwalk-Putlitz, Pritzwalk-Meyenburg und Neustadt/Dosse-Neuruppin gehören. Die PEG hält die Einstellung auf ihrer Hauptstrecke Meyenburg-Pritzwalk-Neustadt/Dosse nicht für möglich. Vom Gewerbepark Prignitz in Falkenhagen nördlich von Pritzwalk ist eine weitere Zunahme des Güterverkehrs zu erwarten, außerdem wurde mit erheblichen Mitteln in Meyenburg eine frühere DR-Lokeinsatzstelle zu einem modernen Triebwagen-Reparaturwerk ausgebaut. Da zwischen dem Land Brandenburg und der PEG ein noch bis 2012 laufender Verkehrsvertrag besteht, wird nur eine einvernehmliches Lösung des Problems möglich sein.

Dieter Riehemann

Regionalverkehr Münsterland GmbH (RVM) -Tecklenburger Nordbahn-

Eine relativ kleine Anzahl Anlieger der RVM-Strecke, die sich schon als Gegner einer Reaktivierung für den Schienenpersonenverkehr im Abschnitt Osnabrück-Mettingen (-Recke) eine Plattform in der örtlichen Presse geschaffen hatte, wandte sich seit Mitte 2005 in massiver Form gegen die drei- bis viermal wöchentlich verkehrenden schweren Kieszüge auf dieser Bahnlinie. Nicht nur, daß der Lärm der gegen ein Uhr nachts ab Osnabrück mit Ziel Spelle verkehrenden Züge als unerträglich dargestellt wurde, das Ganze gipfelte in Vorhaltungen, Strecke und Fahrzeuge seien marode und die Züge würden auch viel zu schnell fahren.

Wenn auch alle Dinge rechtlich unangreifbar waren bzw. einer seriösen Prüfung nicht standhielten, konnte der RVM eine Änderung des Fahrplans der Kieszüge erreichen und die »Lage« beruhigen. Seit dem 5.4.2006 fährt der Kieszug schon gegen 19:30 Uhr ab Osnabrück. Nebeneffekt für den Kleinbahnfreund: Im Sommer läßt sich diese Leistung nun auch fotografieren.

Das Betonwerk Rekers in Spelle läßt auch Betonfertigteile auf der Schiene abfahren, wenn Großaufträge abzuwickeln sind, und das ist fast immer der Fall. Diese Ganzzugleistungen fahren jedoch unregelmäßig und in der Regel mit RVM-Loks zu allen deutschen Ziel- bzw. Grenzbahnhöfen. Seit 2005 und bis Ende 2006 ist eine erhebliche Anzahl Ganzzüge in die Niederlande abzufahren, die RVM-seitig über Rheine nach Bad Bentheim gebracht und dort von der niederländischen Bahngesellschaft ACTS übernommen werden.

Da die RVM-Lok 28 für den schweren Kies- und Betonteileverkehr nicht geeignet und bereits seit längerer Zeit an das Schwesterunternehmen WLE vermietet ist, ist seither immer mindestens eine WLE- oder RLG-Lok in Rheine. Anfang 2006 war das die WLE-Lok 61, die im Frühjahr 2006 durch die Lok 62 abgelöst wurde (bei beiden WLE-Loks handelt es sich um V 90 PA).

Mit zwei Dieselloks im Bestand ist es an den Verkehrstagen des Kieszuges seit April 2006 allerdings nicht mehr möglich, die abendliche Bedienung des KLV-Terminals in Rheine-Alten-

PEG (Coesfeld-Ahaus): *T 643.16 am 26.5.2006 zwischen Ahaus und Legden:*   Foto: Dieter Riehemann

RVM (Tecklenburger Nordbahn): WLE-Leihlok 61 rangiert am 9.4.2006 im Anschluß Rekers in Spelle.

Foto: Dieter Riehemann

rheine (gegen 19:30 Uhr) vorzunehmen. Der Kieszug muss lastbedingt mit zwei Maschinen bespannt werden. Der RVM hat daher bis auf weiteres eine weitere WLE-Maschine, nämlich die Lok 06 (O & K 1973/ 26744, 125 kW, 1997 ex Hammer Eisenbahnfreunde/ Werkslok DuPont Hamm), erhalten. Die kleine Lok ist für diese Leistungen ausreichend, denn meistens beschränkt sich das Aufkommen des KLV-Terminals Rheine auf zwei bis drei Wagen. *Dieter Riehemann*

SBB GmbH. Deutschland

Der »Seehas« (Strecke Engen-Konstanz) wird seit dem 9.7.2006 mit neun neuen FLIRT-Triebwagen betrieben, trotzdem der Verkehrsauftrag Zum 1.1.2007 an die HzL übergeht.

Tognum GmbH

Zu dieser neuen Holding mit Sitz in Friedrichshafen gehören die Firmen MTU Friedrichshafen, Detroit Diesel, L´Orange, MDE, CPS Solutions und Drive Shafts.
Als Kerngeschäft werden Dieselmotoren hergestellt.

Veolia Verkehr GmbH (ex Connex)

Seit dem 3.4.2006 firmiert die deutsche Connex Verkehr GmbH als Veolia Verkehr GmbH. Die Umbenennung erfolgte im Nachgang zur bereits in 2003 erfolgten Umbenennung der französischen Muttergesellschaft Vivendi Environnement in Veolia Environnement. *Dieter Riehemann*

RMV (Tecklenburger Nordbahn): WLE-Leihlok 06 rangiert am 10.4.2006 am KLV-Terminal in Rheine-Altenrheine.   Foto: Dieter Riehemann

RMV (Tecklenburger Nordbahn): WLE-Leihlok 61 am 9.4.2006 mit einem Betonteilezug zwischen Altenrheine und Rheine DB AG.   Foto: Dieter Riehemann

TransRegio: *VT 013 am 8.5.2006 in Kruft.*   *Foto: Dieter Riehemann*

Transregio Deutsche Regionalbahn GmbH

Das bisher mit Dieseltriebwagen des Typs Regio-Shuttle auf den Strecken Kaiserslautern-Kusel, Andernach-Kaisersesch und Bullay-Traben-Trarbach im SPNV tätige Eisenbahnverkehrsunternehmen hat die Ausschreibung des Regionalverkehrs auf der linken Rheinstrecke (Abschnitt Mainz-Koblenz-Köln) gewonnen. Der Verkehr wird im Dezember 2008 aufzunehmen sein. Es sollen ET des Siemens-Typs Desiro Mainline II beschafft werden.

Dieter Riehemann

Westerwaldbahn GmbH (WEBA)

Die nun in das Eigentum der Westerwaldbahn übergegangene Strecke Altenkirchen-Raubach-Selters (bisher im Abschnitt Altenkirchen-Raubach schon durch die Westerwaldbahn im Auftrag der DB AG bedient) wurde im Abschnitt Raubach-Selters nach langjähriger Stillegung reaktiviert. Hier wird nun hauptsächlich Stahl für die in Selters ansässige Firma Schütz angefahren. Der erste Plangüterzug rollte am 6.3.2006.
Die Strecke Selters-Siershahn, über die die Fa. Schütz

bisher von der DB AG bedient wurde, ist zum Bahnhofsgleis degradiert worden. Eigenartigerweise stellt die Westerwaldbahn derzeit über Altenkirchen aber nur beladene Stahlwagen nach Selters zu, alle Leerwagen sowie sonstige Wagenladungen laufen weiterhin über Siershahn.
Die Bedienungsfahrten zwischen Selters und Siershahn obliegen seit dem 3.4.2006 nicht mehr DB AG-Dieselloks, sondern Lok 6 der Westerwaldbahn. Die Lok 6 ist gleichzeitig auch Werkslok der Fa. Schütz und hat in dieser Funktion die Jung-Lok V 26.1 ersetzt, die zur Westerwaldbahn-Stammstrecke nach Bindweide zurückkehrte.
Für den Neuverkehr erhielt die Westerwaldbahn im Frühjahr 2006 eine weitere Diesellok 07 (OnRail 2003/ DH 1004/8; ex 211 274), so daß nunmehr zwei leistungsstarke und typengleiche Maschinen (Umbau-211) zur Verfügung stehen.

Dieter Riehemann

Häfen und Güterverkehr Köln (HGK) - Industriebahn Zons-Nievenheim -

Bedient werden das Aluminiumwerk und das Walzwerk in Neuss-Stüttgen, der Hafen in Dormagen-Stürzelberg, ein AEG Auslieferungslager in Dorma-

Westerwaldbahn: Diesellok 07 am 15.5.2006 in Bindweide.   Foto: Dieter Riehemann

Westerwaldbahn: Diesellok 07 rangiert am 15.5.2006 im Bahnhof Bindweide.   Foto: Dieter Riehemann

HGK (Zons-Nievenheim): *HGK-Lok DE 71 im Mai 2006 vor dem Lokschuppen in Nievenheim.*   Foto: Helmut Müller

gen-Stürzelberg sowie einige Anschlußgleise in Dormagen-St. Peter. Beförderungsleistungen ca. eine Millionen Tonnen pro Jahr.

Die Neusser Eisenbahn befördert mit ihren Streckendieselloks VI bis VIII ganze Züge mit Aluminiumblöcken (Barren) mit eigenen vierachsigen Flachwaggons zur Industriebahn. Aluminium-Fertigprodukte werden mit DB-Railion-Loks in Containerzügen abgefahren.

Vorhanden waren bis zur Übernahme durch HGK im Jahr 2005 drei eigenen Dieselloks.

Seit dem Verkauf der Industriebahn an HGK befördern HGK-eigene Dieselloks die Güterzüge in die Aluminiumhütte und in das Walzwerk.

Helmut Müller

AKN-Eisenbahn AG

Mit einer Gästefahrt wurde am 27.9.2006 die neue Schieneneinfädelung der AKN-Züge in den Bahnhof Eidelstedt eröffnet. Ab sofort wird die AKN mittels einer neuen Brückenkonstruktion zwischen den S-Bahngleisen in den Bahnhof Eidelstedt geführt..

Die Baukosten von ca. 15 Millionen Euro wurden im Wesentlichen vom Bund und der Freien und Hansestadt Hamburg finanziert. Die AKN ist Bauherr für den Abschnitt. Die bisherige Einfädelung war höhengleich angelegt. Das bedeutete, daß jeder aus Kaltenkirchen und Quickborn einfahrende AKN-Zug das in Richtung Elbgaustraße/Pinneberg führende S-Bahngleis befahren mußte. Entsprechendes galt für die AKN-Züge in der Gegenrichtung nach Kaltenkirchen beziehungsweise Quickborn.

Die wechselseitigen Abhängigkeiten der Zugfahrten von S-Bahn und AKN mit den daraus resultierenden Sperrzeiten gehören jetzt der Vergangenheit an. Durch den Wegfall der Kreuzung des stadtauswärts führenden S-Bahn-Gleises fahren AKN und S-Bahn ohne Zeitverzögerung in den Eidelstedter Bahnhof ein. Fahrplanmäßig vorgesehene Anschlüsse werden eingehalten.

Vor dem Bau der höhenfreien Einfädelung hatte die AKN im Herbst 2004 schon den neuen Bahnhof Eidelstedt Zentrum sowie die Ausbaustrecke zwischen den Hamburger Stadtteilen Eidelstedt und Schneisen in Betrieb genommen.

Im Anschluß an diese Baumaßnahmen begannen die Arbeiten zur Beseitigung des Schienenengpasses bei der Einfahrt in den S-Bahnhof Eidelstedt.

Jörg Minga/AKN/pr.

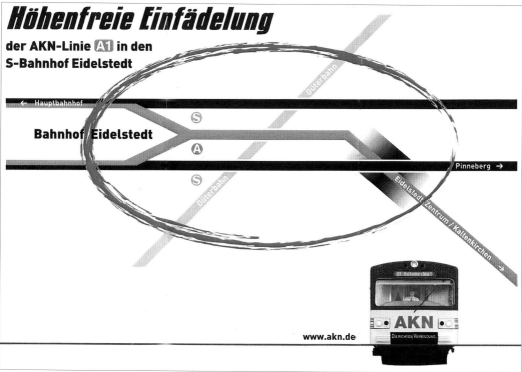

AKN: *Einfädelung der AKN-Strecke in den S-Bahnhof Eidelstedt.* *Foto und Grafik: AKN*

Eisenbahnfreunde Wetterau: Lok 2 rangiert 2.9.2005 mit einem Holzzug an der stillgelegten Ladestraße des Bahnhofs Oberhörgern-Ebenstadt. Foto: Joachim Schwarzer

Butzbach-Licher Eisenbahn / Eisenbahnfreunde Wetterau

Der Bestand der Bahnstrecke der Butzbach-Licher Eisenbahn zwischen Butzbach Ost und Griedel war akut im Bestand gefährdet, da durch Umbau einer unfallträchtigen Straßenkreuzung zu einem Verkehrskreisel das Streckengleis im Wege war. Später gab es dann Pläne, das Gleis zwar liegen zu lassen, aber nicht mehr technisch zu sichern, so daß es nur noch bis zu fünf Mal im Jahr für Überführungsfahrten befahren werden sollte. Erst durch die Initiative von Pro Bahn & Bus wurde umgeplant und eine kostengünstige technische Sicherung eingebaut, so daß die Strecke jetzt uneingeschränkt von den Zügen befahren werden kann.

Mitte September 2005 begannen die Bauarbeiten. Am 23.9.2005 verkehrte der letzte Holzzug von Münzenberg nach Butzbach, danach wurde die Strecke wegen der Bauarbeiten unterbrochen. Am 9.12.2005 waren die Arbeiten beendet und der neue Kreisverkehr bei Butzbach-Griedel wurde feierlich in Betrieb genommen. Seitdem ist auch die Bahnstrecke zwischen Butzbach Ost und Griedel wieder befahrbar.

Das Streckengleis führt tangential durch den Verkehrskreisel und ist mit einer Lichtzeichenanlage technisch gesichert.

Zur Eröffnung fuhr die V 36 der Eisenbahnfreunde Wetterau mit zwei Kesselwagen über den Bahnübergang. Damit ist auch der Verkehr der Holzzüge wieder möglich. Am 23. bzw. 27.12.2005 fuhr bereits wieder der erste Holzzug zwischen Münzenberg und Stendal-Niedergörne. Da der eingesetzte »Rote Tiger« der OHE einen Achsdruck von 22 Tonnen aufweist und die Strecke nur für 20 Tonnen Achsdruck zugelassen ist, fuhr extra Lok WITTINGEN der OHE mit, die den Zug auf dem Abschnitt Griedel-Butzbach bespannte. Dem Vernehmen nach soll auch künftig so gefahren werden.

Andreas Christopher

Vectus (Limburg-Koblenz): *VT 266 + VT 260 am 12.5.2006 in Diez (Lahn).* Foto: Dieter Riehemann

Verband Deutscher Verkehrsunternehmen (VDV)

Bahnen, Busse, Personal:
Bestandszahlen und Betriebsleistungen der VDV-Mitgliedsunternehmen im Personenverkehr

Fahrzeugbestand und Betriebs-leistungen Bahnen im Jahr 2004	Trieb-wagen	Beiwagen/ Reisezugw.	Fahrz. gesamt	darunter Niederflur	Strecken-länge (km)	Linien-länge (km)	Wagen-km (Mio.)	Platz-km (Mio.)
Straßen-/Stadtbahn	5.368	506	5.874	2.024	2.843	4.668	345,8	53.875
U-Bahn	1.578	–	1.578	–	362	444	258,6	29.832
Bahn besonderer Bauart	56	4	60	4	26	25	2,4	283
Sparte TRAM gesamt	**7.002**	**510**	**7.512**	**2.028**	**3.231**	**5.137**	**606,8**	**83.990**
Sparte PVE	**10.292**	**8.907**	**19.199**	**2.729**	**k.A.**	**216.234**	**2.617,8**	**193.622**

Fahrzeugbestand und Betriebs-leistungen Busse im Jahr 2004	eigene Busse	gemietete Busse	Busse gesamt	darunter Niederflur	Strecken-länge (km)	Linien-länge (km)	Wagen-km (Mio.)	Platz-km (Mio.)
Bus	24.626	14.853	39.479	19.430	–	331.099	1.879,2	145.714
Obus	73	–	73	59	75	122	4,5	412
Sparte BUS gesamt	**24.699**	**14.853**	**39.552**	**19.489**	**75**	**331.221**	**1.883,7**	**146.126**

	100.000								
Personalbestand	1996	1997	1998	1999	2000	2001	2002	2003	2004
Voll- und Teilzeitbeschäftigte (ab 1998 inkl. DB Regio AG)	128.549	126.563	174.654	170.784	164.025	153.800	151.279	143.410	138.886

Güterloks, Güterwagen und Gleisnutzung:
Bestandszahlen und Betriebsleistungen der VDV-Mitgliedsunternehmen im Güterverkehr

Fahrzeuge, Strecken- und Gleislängen, Anschlussnutzung, Betriebsleistungen	Loko-motiven	Güter-wagen	Eigentums-streckenlänge (km)	Gleis-länge (km)	Gleis-anschlüsse	Zug-km (1.000 km)
öffentlicher Verkehr	3.370	105.623	39.163	70.782	4.950	186.868
nichtöffentlicher Verkehr	375	6.291	1.854	2.181	404	25.203
Sparte GV gesamt	**3.745**	**111.914**	**41.017**	**72.963**	**5.354**	**212.071**

Angaben aus dem Berichtsjahr 2004

Personalbestand	1996	1997	1998	1999	2000	2001	2002	2003	2004
NE öffentlicher Verkehr	5.438	5.392	5.420	5.491	5.734	5.686	6.264	6.469	6.513
NE nichtöffentlicher Verkehr	5.892	5.540	5.431	5.170	4.872	4.681	4.526	4.290	2.833
NE gesamt	**11.330**	**10.932**	**10.851**	**10.661**	**10.606**	**10.367**	**10.790**	**10.759**	**9.346**

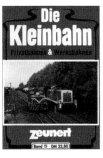    

Dirk Endisch

Die Halberstadt-Blankenburger Eisenbahn-Gesellschaft

Zu den bemerkenswertesten deutschen Privatbahnen gehört zweifelsohne die Halberstadt-Blankenburger Eisenbahn-Gesellschaft (HBE). Das Unternehmen schrieb mehr als einmal Technikgeschichte. Heute werden von dem einst etwa 90 km langen Streckennetz nur noch die ehemalige Stammbahn Halberstadt–Blankenburg (Harz) und die als »Rübelandbahn« bekannte Steilstrecke Blankenburg (Harz)-Rübeland betrieben.

Bereits wenige Monate nach der Eröffnung der Strecke Magdeburg-Halberstadt am 15. Juli 1843 durch die Magdeburg-Halberstädter Eisenbahn-Gesellschaft (MHE) gab es erste Vorschläge für den Bau einer Stichbahn nach Blankenburg. Von dem neuen Verkehrsmittel versprachen sich die Einwohner wichtige Impulse für den wirtschaftlichen Aufschwung der braunschweigischen Kreisstadt. Aber die Bittschriften und Petitionen an die herzogliche Regierung und das Direktorium der MHE blieben ohne nennenswerten Erfolg. Der braunschweigische Landtag bewilligte 1868 lediglich einen Zuschuss in Höhe von 250.000 Thalern für den Bau einer Eisenbahn nach Blankenburg.

Der entscheidende Impuls für den Bau der Strecke Halberstadt–Blankenburg (Harz) kam schließlich aus dem Rheinland. Das in Köln ansässige Bankhaus Eltzbacher & Co. übernahm am 26. Oktober 1867 vom Herzogtum Braunschweig-Lüneburg alle Eisenerzgruben, Hütten, Gießereien, Walzwerke und Maschinenfabriken und wollte diese in einer neuen Aktiengesellschaft zusammenfassen. Jakob Eltzbacher, der Chef des Bankhauses, plante außer-

Roman Abt, Erfinder des Zahnstangen-Systems.

Kreuztal bei Rübeland.

Albert Schneider, Erbauer der Zahnradbahn.

Trassenverlauf bei Rübeland.   Foto: Slg. W. Pilkenrodt

Bismarck-Tunnel bei Rübeland.

Bismarck-Tunnel bei Rübeland (186,5 m lang). 1939 bei Neutrassierung aufgegeben.   *Fotos: Slg. W. Pilkenrodt*

dem den Bau eines modernen Hochofenwerkes in der Nähe von Blankenburg. Damit dieses Werk im Wettbewerb bestehen konnte, war ein preiswertes und leistungsfähiges Transportmittel unerläßlich. Das Bankhaus ebnete so den Weg für die Strecke Halberstadt–Blankenburg (Harz). Bereits am 18. Januar 1870 schlossen das Bankhaus und das Herzogtum Braunschweig-Lüneburg einen Vertrag ab, in dem sich Eltzbacher zur Gründung eines Eisenbahnunternehmens verpflichtete. Schon am 27. März 1870 konstituierte sich mit einem Stammkapital von 800.000 Thalern die Halberstadt-Blankenburger Eisenbahn-Gesellschaft (HBE). Das Herzogtum gewährte der HBE anschließend den 1868 bewilligten Zuschuss für den Bahnbau. Bevor jedoch mit den Arbeiten begonnen werden konnte, mußten Braunschweig und das benachbarte Königreich Preußen einen Staatsvertrag abschließen. Am 15. Januar 1870 wurde der Staatsvertrag ratifiziert. Die herzogliche Regierung erteilte

daraufhin der HBE am 16. April 1870 die Konzession und genehmigte den Gesellschaftervertrag. Das Königreich Preußen stellte am 8. Juli 1870 die Konzessionsurkunde aus.

Zu diesem Zeitpunkt liefen bereits die Bauarbeiten. Die HBE lud für den 28. Juni 1870 zum offiziellen Spatenstich am Weinberg bei Blankenburg ein. Allerdings mußten die Arbeiten nur vier Wochen später eingestellt werden, da mit dem Beginn des Deutsch-Französischen Krieges alle arbeitsfähigen Männer zum Militär eingezogen wurden. Erst 1872 konnte die HBE die Bauarbeiten wieder aufnehmen. Aufgrund der recht umfangreichen Erdarbeiten in Blankenburg dauerte die Fertigstellung der Strecke bis 1873. Bereits zum Jahreswechsel 1872/73 lagen die Gleise zwischen Halberstadt und Blankenburg.

Parallel dazu verhandelte die HBE mit der MHE über die Einfädelung ihrer Strecke in den Bahnhof Halberstadt. Beide Unternehmen unterzeichneten am 4. Oktober 1872 einen entsprechenden Vertrag. Der Verwaltungsrat der HBE setzte die Aufnahme des Personen- und Güterverkehrs für den 31. März 1873 fest. An diesem denkwürdigen Tag war ganz Blankenburg festlich geschmückt. Die geladenen Ehrengäste versammelten sich auf dem neuen Bahnhof. Der Eröffnungssonderzug, gezogen von der Lok LANGENSTEIN, traf pünktlich in Blankenburg ein. Zu den Fahrgästen gehörte neben dem Bahndirektor der HBE, Albert Schneider (1833–1910), sowie den Vertretern braunschweigischer und preußischer Behörden auch der erste Lokführer des Herzogtums Braunschweig-Lüneburg, John Blenkinsop (1813–1884). Er hatte am 1. Dezember 1838 bei der Eröffnung der Strecke Braunschweig–Wolfenbüttel die Lokomotive »Swift« geführt.

Die HBE setzte für den öffentlichen Personenverkehr auf der 18,8 km langen Hauptbahn täglich drei Zugpaare ein. Der Fahrzeugpark der HBE bestand bei der Betriebseröffnung aus zwei Dampfloks, sieben Personenwagen, drei Packwagen sowie 15 gedeckten und 42 offenen Güterwagen. Das Verkehrsaufkommen auf der »Stammbahn«, wie die Verbindung Halberstadt–Blankenburg (Harz) später genannt wurde, konnte sich sehen lassen. Bereits im ersten Geschäftsjahr beförderte

Soweit nicht anderes vermerkt stammen die Fotos zum HBE-Artikel
von Dirk Endisch oder aus seinem Archiv.

Empfangsgebäude des Bahnhofs Blankenburg in den 1960er Jahren.

die HBE 59.407 Reisende und 26.456 t Güter. Allerdings warf das Unternehmen keine Dividende für die Aktionäre ab. Der Grund dafür waren die relativ hohen Betriebskosten der als Hauptbahn konzessionierten Strecke. Eine wesentliche Steigerung der Beförderungsleistungen erhoffte sich die HBE von dem in Blankenburg geplanten Hüttenwerk. Das Bankhaus Eltzbacher & Co. hatte am 15. November 1870 die »Aktiengesellschaft Harzer Werke zu Rübeland und Zorge« gegründet, in der alle ehemaligen herzoglichen Hüttenbetriebe zusammengefasst wurden. Lediglich das abbauwürdige Eisenerzfeld um Braunesumpf war noch nicht an Eltzbacher & Co. verkauft. Die Verhandlungen dazu zogen sich bis 1872 hin. Erst danach war der Weg für das neue Hochofenwerk in der Nähe von Blankenburg frei. Nachdem die Aktionäre der Harzer Werke dem Vorhaben zugestimmt hatten, wurde umgehend mit den Arbeiten begonnen. Im Mai 1875 wurden die neuen Hochöfen erstmals angeblasen.

Für den Transport des in Braunesumpf gewonnenen Roteisensteins zum Hochofenwerk in Blankenburg legten die Harzer Werke die so genannte »Erzstufenbahn« an. Diese bestand aus vier separaten Teilstrecken. Zwischen jeder Teilstrecke wurde das Erz umgeladen. Dies erfolgte mit Hilfe von Schurren, über die das Erz zur nächsten, tiefer gelegenen Teilstrecke rutschte. Bis 1885 wurde die »Erzstufenbahn« betrieben.

Für den Anschluß des Hochofenwerkes an die Stammbahn beantragte die HBE den Bau einer rund 3,4 km langen Anschlussbahn, für die das Herzogtum Braunschweig-Lüneburg am 30. Oktober 1874 die Konzession erteilte. Nach der eisenbahntechnischen Abnahme am 3. Juli 1875 gab die HBE die Anschlussbahn am 12. Juli 1875 für den Güterverkehr frei. Bereits am 31. Mai 1874 hatten die Harzer Werke und die HBE einen Transportvertrag abgeschlossen. Dieser garantierte der HBE ein jährliches Frachtaufkommen von 54.750 t bzw. Bruttoeinnahmen von 41.062,50 Mark.

Nach der Eröffnung der Stammbahn strebten auch die Kleinstadt Derenburg und die hier ansässige Industrie einen Eisenbahnanschluß an. Bereits 1863 hatte die MHE den Bau einer Nebenbahn von Halberstadt über Derenburg nach Wernigerode erwogen. Allerdings stieß das Vorhaben damals bei einigen Landwirten und Mitgliedern des Magistrats auf Ablehnung. Da die Bauern kein Land verkaufen wollten und der Magistrat der MHE jedwede finanzielle Unterstützung verweigerte, blieb die Kleinstadt ohne Bahnanschluß. Daraufhin gerieten Derenburg und die ansässigen Landwirte nun im Wettbewerb mit den umliegenden Gemeinden immer weiter ins Hintertreffen. Erst

Bick auf den Bahnhof Braunesumpf mit Dampflok und Erzwagen.

das Vorhaben der Firma Försterling & Co., in Derenburg eine Zuckerfabrik zu errichten, brachte wieder Bewegung in die Bemühungen. Das Gesuch der Firma und des Derenburger Magistrats zum Bau einer Stichbahn von Langenstein nach Derenburg fand beim Vorstand der HBE Gehör, zumal sich beide Interessenten an den Kosten beteiligen wollten. 1879 waren die Weichen für den Bahnanschluß Derenburgs gestellt. Die Firma Försterling & Co. begann am 22. März 1879 mit dem Bau der Zuckerfabrik. Bereits am 15. Februar 1879 hatte der Magistrat der Stadt Derenburg einen Zuschuß in Höhe von 45.000 Mark bewilligt. Weitere 15.000 Mark wollten Försterling & Co. zuschießen. War die Strecke noch vor dem Beginn der Rübenkampagne fertig, stellte das Unternehmen weitere 10.000 Mark in Aussicht.

Der Direktor der HBE, Albert Schneider, trieb nun mit Hochdruck die Vorarbeiten voran. Die Aktionäre der HBE stimmten dem Bau der Strecke Langenstein–Derenburg am 23. Juni 1879 zu. Anschließend beantragte der Vorstand beim preußischen Ministerium der öffentlichen Arbeiten (MdöA) die Konzession für die Stichbahn. Obwohl das Königreich Preußen bereits am 17. Dezember 1879 die gewünschte Urkunde ausstellte, dauerte die landespolizeiliche Prüfung der Bauunterlagen bis zum 17. Februar 1880. In der Zwischenzeit beschaffte

die HBE alle notwendigen Baumaterialien, so dass bereits am 15. März 1880 mit den Arbeiten begonnen werden konnte. Nach nur wenigen Monaten, am 27. August 1880, war die Stichbahn fertig. Lediglich das Aufstellen der Signaltafeln und einige Nachbesserungen am Oberbau waren noch nötig, bevor die HBE am 9. September 1880 auf der 5,5 km langen Stichbahn den Personen- und Güterverkehr aufnahm.

Zwischen Langenstein und Derenburg setzte die HBE täglich vier gemischte Zugpaare ein. Lediglich in den Monaten der Zuckerrübenkampagne kamen reine Güterzüge zum Einsatz.

In der Zwischenzeit hatte sich die wirtschaftliche Lage der HBE deutlich verbessert. Durch die Umwandlung der Strecke Halberstadt–Blankenburg (Harz) in eine Nebenbahn zum 1. Januar 1878 konnten die Betriebskosten dauerhaft verringert werden. Bereits im Geschäftsjahr 1878 war es möglich, den Inhabern der Prioritäts-Stammaktien die zugesicherte Dividende zu zahlen. Mit Hilfe des Hauptaktionärs Eltzbacher & Co. konnte die HBE bis 1880 alle ausstehenden Dividenden nachzahlen.

Die »Harzbahn«

Auch wenn die Einnahmen im Personen- und Güterverkehr nach und nach anstiegen, war der Vorstand der HBE mit den Betriebsergebnissen ins-

Bahnhof Drei Annen Hohne 1907 kurz vor der Inbetriebnahme.   Foto: Sammlung W. Pilkenrodt

gesamt unzufrieden. Einerseits waren die Erlöse noch immer viel zu gering. Andererseits war die HBE sehr stark von den Harzer Werken abhängig. Betriebsdirektor Albert Schneider suchte deshalb nach Möglichkeiten, neue Verkehrspotentiale für die HBE zu erschließen.

Diese boten sich im Harz, dessen verkehrstechnische Erschließung größtenteils mangelhaft war. Die Städte und Gemeinden des Kreises Blankenburg bemängelten dies mehrfach, da die hier ansässige Industrie (Steinbrüche, Bergwerke, Hüttenbetriebe und Kalkwerke) und die Forstwirtschaft aufgrund der hohen Transportkosten langfristig kaum noch Chancen hatten. Die Rohstoffe und Fertigprodukte mussten mühsam mit Pferde- oder Ochsenfuhrwerken transportiert werden. Die Forstwirtschaft traf dies besonders hart. Im Winter 1874/75 gab es im Harz durch Schnee- und Windbruch ungewöhnlich viel Holz. Doch dieses war aufgrund der hohen Transportkosten nur schwer verkäuflich.

Vor diesem Hintergrund forderten 1881 die Bürgermeister von Blankenburg, Hüttenrode, Rübeland, Neuwerk, Tanne, Hohegeiß und Trautenstein in einer Petition an die herzogliche Regierung in Braunschweig den Bau einer Eisenbahn durch den Harz.

Die Idee war nicht neu, doch alle bisher erörterten Vorhaben scheiterten an der Topografie des Harzes. Dessen steile Berge und tiefe Täler konnten nur mit aufwändigen Kunstbauten überwunden werden.

Das Herzogliche Eisenbahn-Kommissariat bat die HBE im Herbst 1881 um eine Stellungnahme zum Bau und Betrieb einer Nebenbahn Blankenburg (Harz)–Braunlage–St. Andreasberg. Prinzipiell stimmte Bahndirektor Schneider dem Vorhaben zu, doch er plädierte für eine Stichbahn von Blankenburg über Hüttenrode, Rübeland und die preußische Kleinstadt Elbingerode nach Tanne. Allerdings sprach sich Albert Schneider im Hinblick auf einen wirtschaftlichen Erfolg für einen kombinierten Adhäsions-Zahnradbetrieb aus. Doch gerade hier lag das Problem – Ende des 19. Jahrhunderts gab es weltweit keine derartige Eisenbahntechnik. Der Bahndirektor suchte aber danach.

Parallel dazu warb Albert Schneider bei den Städten und Gemeinden, der herzoglichen Regierung und den Aktionären der HBE für die Strecke Blankenburg (Harz)–Tanne, die der Bahndirektor bereits jetzt als »Harzbahn« bezeichnete. Die letzten Bedenken gegen das Vorhaben konnte Schneider erst ausräumen, nachdem der Schweizer Ingenieur

Empfangsgebäude vom Bahnhof Drei Annen Hohne in den 1950er Jahren.

Roman Abt (1850–1933) seine ersten Entwürfe für eine kombinierte Adhäsions-Zahnradlok und die dazu gehörende neuartige dreilamellige Zahnstange präsentiert hatte. Die Aktionäre der HBE stimmten am 8. April 1884 dem Bau der Harzbahn zu.

Da die geplante Nebenbahn auch über preußisches Territorium verlief, unterzeichneten das Königreich Preußen und das Herzogtum Braunschweig-Lüneburg am 27. Juni 1884 einen entsprechenden Staatsvertrag. Bereits im August 1884 begannen die Arbeiten zwischen Blankenburg und der Spitzkehre Bast-Michaelstein, obwohl die dazu notwendige Konzession erst am 20. Dezember 1884 ausgestellt wurde.

Seitens des Herzoglichen Eisenbahn-Kommissariats gab es aber Vorbehalte hinsichtlich der Abt´schen Adhäsions-Zahnradbahn. Am 4. Februar 1885 verlangte das Kommissariat den Bau einer einen Kilometer langen Versuchsstrecke, auf der die Zahnstange und die Loks gründlich erprobt werden sollten. Diese Auflagen kamen für die HBE völlig unerwartet, denn das Reichs-Eisenbahnamt in Berlin verzichtete auf eine Erprobung. Mit seiner Verfügung Nr. 1102 genehmigte das Reichs-Eisenbahnamt am 14. Februar 1885 die Anwendung der Abt´schen Adhäsions-Zahnradbahn ohne Ein-

schränkungen. Das Königreich Preußen erteilte daraufhin am 20. April 1885 die Konzession für die Gebirgsbahn nach Tanne.

Das Herzogliche Eisenbahn-Kommissariat hielt jedoch an seinen Auflagen fest. Am 21. Februar 1885 wurde zunächst der Probebetrieb auf dem Abschnitt Blankenburg (Harz)–Bast-Michaelstein genehmigt. Am 15. und 16. Mai 1885 bespannte die Lok RÜBELAND den aus sechs offenen Güterwagen bestehenden Versuchszug ohne Probleme. Auch die offizielle Prüfungsfahrt am 30. Juli 1885 verlief ganz im Sinne von Albert Schneider und Roman Abt. Da die kombinierte Adhäsions-Zahnradbahn des Systems Abt keinen Anlass zur Klage gab, erteilte das Eisenbahn-Kommissariat am 20. August 1885 die endgültige Betriebserlaubnis für die Loks und den Oberbau.

In der Zwischenzeit hatte die HBE die Arbeiten an der Strecke nach Tanne weiter vorangetrieben. Zwischen der Spitzkehre Bast-Michaelstein und Braunsumpf nutzte die HBE einen Teil der 1872 von den Harzer Werken errichteten Erzstufenbahn. Nachdem am 6. Oktober 1885 das Eisenbahn-Kommissariat die »Vorschriften für den Betrieb auf der kombinierten Adhäsions-Zahnradbahn Blankenburg - Tanne für reine Güterzüge, eventuell für ge-

Bahnhof Drei Annen Hohne Anfang der 1950er Jahre mit DR-Lok 75 6678.

mischte Züge« bestätigt hatte, erfolgte dann am 31. Oktober 1885 die landespolizeiliche Abnahme des Abschnitts Blankenburg (Harz)–Rübeland. Diese verlief reibungslos, so dass die HBE am 1. November 1885 den Personen- und Güterverkehr aufnehmen konnte. In den folgenden Monaten wurde die Harzbahn schrittweise nach Tanne verlängert. Am 1. Mai 1886 traf der erste Zug in Elbingerode ein. Nur wenige Wochen später, am 1. Juni 1886, fuhren die Züge bis Rothehütte-Königshof (ab 1936 Königshütte). Am 15. Oktober 1886 gab die HBE schließlich das letzte Streckenstück Rothehütte-Königshof–Tanne für den Verkehr frei.

Von der insgesamt 30,5 km langen Harzbahn Blankenburg (Harz)–Rübeland–Tanne lagen etwa 20,7 km in Neigungen zwischen 1 : 700 und 1 : 16,6. Elf Abschnitte mit einer Länge von 7,474 km waren mit der Abt´schen Zahnstange ausgerüstet. Die Betriebsführung auf der kombinierten Adhäsions-Zahnradbahn war aufwändig. Beispielsweise durften die Züge bei der Bergfahrt nur geschoben werden. Bei Talfahrten musste sich die Lokomotive immer an der Zugspitze befinden. Deshalb setzte die Maschine auf der Fahrt von Blankenburg nach Tanne insgesamt viermal um. Die Höchstge-

schwindigkeit auf den Reibungsabschnitten betrug 15 km/h, auf den Zahnradabschnitten nur 7,5 km/h.

Trotz der strengen Betriebsvorschriften, die die Betriebskosten im Vergleich zur Stammbahn deutlich erhöhten und die Fahrzeiten verlängerten, bewährte sich das von Roman Abt entwickelte Zahnradbahnsystem hervorragend. Auf der Weltausstellung in Chicago wurde die HBE für die Einführung des kombinierten Adhäsions-Zahnradbetriebes mit einer Ehrenmedaille ausgezeichnet. Zahlreiche Bergbahnen in der ganzen Welt griffen auf das System Abt zurück. Mit der Einführung der Zahnradbahn des Systems Abt schrieb die HBE Eisenbahngeschichte.

Die Hoffnungen, die der Vorstand und die Aktionäre mit der Harzbahn verbanden, erfüllten sich. Dank der zahlreichen Anschlussgleise zu Kalkwerken, Steinbrüchen und Eisenerzgruben nahm der Güterverkehr der HBE deutlich zu. Vor allem die Forstwirtschaft, die Kalkwerke in Rübeland, die Eisenerzgruben in Hüttenrode und Braunesumpf, die Steinbrüche und das Bergwerk Drei Kronen & Ehrt in Elbingerode (Schwefelkiesgrube) sorgten für ein stetig wachsendes Frachtaufkommen. Mit

Blick auf den Bahnhof Thale Bodetal um 1910.

der Eröffnung der Schmalspurbahn Brunnenbachsmühle–Tanne 1899 durch die Südharz-Eisenbahn (SHE) nahm der Verkehr auf dem Abschnitt Rübeland–Tanne weiter zu. Im Personenverkehr dominierte zunächst der Berufsverkehr. Mit dem Aufblühen des Fremdenverkehrs im Harz gewannen jedoch die Ausflugs- und Urlaubsfahrten immer mehr an Bedeutung. Die HBE förderte diese Entwicklung, indem sie u.a. so genannte »Sonntags-Fahrkarten« ausgab oder »Omnibus-Verbindungen« anbot. Das waren Personenkutschen, die im Auftrag der HBE z.B. auf den Relationen Blankenburg (Harz)–Thale oder Elbingerode–Drei Annen Hohne (Anschluss an die Brockenbahn) verkehrten und mit den Zügen abgestimmt waren.

Die finanzielle Entwicklung der HBE war vielversprechend. Konnte das Unternehmen in den Anfangsjahren wegen zu geringer Betriebsüberschüsse kaum Dividenden zahlen, lag die Verzinsung der Einlagen 1891 bereits bei 5 %. Die Bilanz des Vorstandes nach 25 Jahren konnte sich sehen lassen: Das Anlagekapital der HBE lag bei über 8,2 Millionen Mark. Das Unternehmen beförderte 1897 insgesamt 353.600 Reisende und 408.926 t Güter. Der Gewinn betrug 454.289 Mark. Den

Inhabern der Stammaktien konnte eine Dividende von 6 % gezahlt werden. Damit gehörte die HBE zu den wirtschaftlichsten Privatbahnen in Deutschland.

Nach Minsleben und Quedlinburg

Der Vorstand der HBE dachte gleichwohl über einen weiteren Ausbau des Streckennetzes, vor allem in Richtung Quedlinburg und Wernigerode, nach. Besonders die Harzstädte Quedlinburg, Wernigerode und Blankenburg waren Ende des 19. Jahrhunderts mit der verkehrstechnischen Erschließung der Region unzufrieden. Zwar hatten alle drei Orte einen Bahnanschluss, aber eine direkte Verbindung bestand zwischen ihnen nicht. Doch davon versprachen sich die Städte eine spürbare Belebung des Fremdenverkehrs. Sie unterstützten deshalb ein 1870 gegründetes Eisenbahnkomitee, das für den Bau der so genannten »Harzgürtelbahn« von Wernigerode über Blankenburg und Quedlinburg nach Frose warb. Die Preußische Staatsbahn griff diese Idee 1885 auf, verwarf sie aber wieder, da die Harzgürtelbahn als unwirtschaftlich eingestuft wurde. Ende des 19. Jahrhunderts legte die Vereinigte Eisenbahn-Bau- und Betriebsgesellschaft das Projekt für eine

Blick auf den Bahnhof Tanne in der Mitte der 1930er Jahre.   Foto: Slg. R. Wiedemann

Nebenbahn Wernigerode–Blankenburg–Quedlinburg vor. Diese Harzgürtelbahn wäre im nördlichen Harzvorland eine ernsthafte Konkurrenz für die HBE geworden. Der Vorstand schlug deshalb die Verlängerung der Stichbahn Langenstein–Derenburg nach Minsleben an der Nebenbahn Heudeber-Danstedt–Wernigerode–Ilsenburg vor. Die Stadt Derenburg sowie die Gemeinden Silstedt und Minsleben wollten den Bahnbau auch finanziell unterstützen. Die HBE erhielt bereits am 25. Oktober 1898 vom MdöA in Berlin die beantragte Konzession. Bereits Ende 1898 begannen die Bauarbeiten, die sich aber aufgrund langwieriger Verhandlungen zu Grundstücksfragen erheblich verzögerten. Außerdem mussten die Bahnhöfe in Derenburg und Langenstein umgebaut werden. Dazu gehörte u.a. eine Verbindungskurve in Langenstein, damit Züge auf der Relation Blankenburg (Harz)–Minsleben ohne Kopfmachen in Langenstein verkehren konnten. Die HBE nahm am 3. Oktober 1900 den Güterverkehr auf der Strecke Derenburg–Minsleben Dorf auf. Wenige Wochen später, am 31. Oktober 1900, gab die HBE die Verbindung Derenburg–Minsleben für den Personen- und Güterverkehr frei. Im Bahnhof Minsleben bestand Anschluss an die Züge der

Preußischen Staatsbahn in Richtung Halberstadt und Ilsenburg.
Allerdings blieb das Verkehrsaufkommen auf der Strecke Derenburg–Minsleben weit hinter den Erwartungen zurück. Vier gemischte Züge von Langenstein nach Minsleben und drei in der Gegenrichtung genügten dem Verkehrsaufkommen.
Die Harzbahn hatte hingegen um das Jahr 1900 ihre Kapazitätsgrenze erreicht. Das Transportvolumen konnte nur noch durch die Anhebung der Höchstgeschwindigkeit gesteigert werden. Die HBE rüstete deshalb zwei Zahnradloks, zwei Personen- und 14 Güterwagen versuchsweise mit einer Saugluftbremse der Bauart Hardy aus und erprobte das Bremssystem ab 1904 auf der Steilstrecke. Da sich die Hardy-Bremse hervorragend bewährte, beschloss die HBE den Umbau aller Fahrzeuge. Ab 1. Juli 1908 verkehrten die Züge der HBE mit einer durchgehenden Luftbremse. Damit hatte die HBE abermals Eisenbahngeschichte geschrieben, denn sie war die erste Bahngesellschaft in Mitteleuropa, die eine durchgehende Luftbremse für Güterzüge einführte.
Nach weiteren Probefahrten genehmigte der Königlich Preußische Eisenbahn-Kommissar ab

Blick auf den Bahnhof Elbingerode West um 1900.   Foto: Slg. W. Pilkenrodt

13. April 1910 die neuen Betriebsvorschriften der HBE. Von nun an durften alle Züge, auch die bergwärts fahrenden, gezogen werden. Außerdem konnten die Höchstgeschwindigkeiten angehoben werden. Auf der Stammbahn waren nun 50 km/h erlaubt. Auf den Adhäsionsstrecken der Harzbahn betrug die Höchstgeschwindigkeit 25 km/h und auf den Zahnstangenabschnitten 20 km/h. Darüber hinaus versuchte der Vorstand der HBE, das Streckennetz noch weiter zu vergrößern. Um den Ausflugsverkehr aus dem Harzvorland in Richtung Oberharz weiter zu steigern, bedurfte es aber einer schnellen und preisgünstigen Verbindung von Quedlinburg, Thale, Halberstadt und Blankenburg in Richtung Brocken. Dies war nur mit einer Stichstrecke zur Brockenbahn der Nordhausen-Wernigeroder Eisenbahn-Gesellschaft (NWE) möglich. Die HBE beantragte daraufhin den Bau und Betrieb einer Stichbahn von Elbingerode nach Drei Annen Hohne. Die Konzession dafür stellte das MdöA am 28. September 1905 aus. Die Bauarbeiten an der 4,16 km langen Stichbahn waren nach nur wenigen Monaten abgeschlossen. Pünktlich zur Fahrsaison der Brockenbahn nahm die HBE am 1. April 1907 den Personenverkehr auf der Strecke Elbingerode West–Drei Annen Hohne auf.

Der Bahnhof Drei Annen Hohne war zu diesem Zeitpunkt jedoch nur teilweise fertig. Die Gleisverbindung zwischen NWE und HBE fehlte noch. Die beiden Umladegleise für die Güterwagen sowie das Verbindungsgleis zur NWE wurden erst am 31. Mai 1911 in Betrieb genommen.

Ungleich schwieriger war der Ausbau des Streckennetzes im Harzvorland. Hier stand noch immer die Harzgürtelbahn zur Diskussion. Allerdings beschränkte sich die Vereinigte Eisenbahn-Bau- und Betriebsgesellschaft jetzt auf eine Schmalspurbahn zwischen Quedlinburg und Blankenburg. Doch dies fand bei den Gemeinden keine Unterstützung. Gemeinsam mit der ansässigen Industrie, allen voran das Eisenhüttenwerk Thale (Harz), baten sie die HBE um den Bau einer regelspurigen Nebenbahn von Blankenburg über Thale nach Quedlinburg. Da das EHW Thale und die im Bodetal bei Quedlinburg ansässigen Firmen ein großes Frachtaufkommen versprachen, begann der Vorstand umgehend mit den notwendigen Vorarbeiten. Dazu gehörte auch ein Staatsvertrag zwischen Preußen und Braunschweig-Lüneburg, der am 3. Juli 1905 unterzeichnet wurde. Das MdöA erteilte der HBE daraufhin am 28. September 1905 die Konzession. Die herzogliche Regierung stellte die Urkunde am

nes Wasserturms. Die Kosten dafür musste die HBE tragen.

Noch während die Verhandlungen zwischen der HBE und der Preußischen Staatsbahn liefen, begannen die Arbeiten zwischen Blankenburg und Thale Bodetal. Im Zuge dessen baute die HBE auch den Bahnhof Blankenburg (Harz) um. Dabei entstanden ein Verbindungsgleis zwischen der Harzbahn und der Stammstrecke, ein neuer Güterschuppen, zwei mechanische Stellwerke und die neue Betriebswerkstatt. Am 30. Juni 1907 nahm die HBE den Personen- und Güterverkehr auf dem Abschnitt Blankenburg (Harz) –Thale Bodetal auf. Zeitgleich wurde das Verbindungsgleis zwischen den Strecken Halberstadt–Blankenburg (Harz) und Blankenburg (Harz)–Thale Bodetal in Betrieb genommen. Durchgehende Züge auf der Relation Halberstadt–Thale Bodetal (–Quedlinburg) konnten so ohne Kopfmachen im Bahnhof Blankenburg (Harz) verkehren.

Die Bauarbeiten zwischen Thale Bodetal und Quedlinburg gingen jedoch nur schleppend voran. Am 15. Oktober 1907 nahm die HBE nur den Güterverkehr zwischen Thale Bodetal und Weddersleben auf. Erst nachdem die Stadt Quedlinburg am 31. Oktober 1907 die Baugenehmigung erteilt hatte, konnten die Arbeiten abgeschlossen werden.

Am 5. April 1908 verkehrten auf dem Abschnitt Weddersleben–Quedlinburg die ersten Personen- und Güterzüge. Die Verbindungskurve zwischen den Strecken Blankenburg (Harz)–Thale Bodetal und Thale Bodetal–Quedlinburg wurde erst am 1. Januar 1910 eröffnet.

Das Verkehrsaufkommen auf der Nebenbahn Blankenburg (Harz)–Thale Bodetal–Quedlinburg lag über den Erwartungen der HBE. Vor allem das EHW Thale wickelte einen erheblichen Teil seines Verkehrs über diese Strecke ab. Im Geschäftsjahr

Blick auf den Bahnhof Rübeland Tropfsteinhöhlen mit Blickrichtung Elbingerode Ende der 1960er Jahre. Im Bahnhof standen zwei DR-Elloks der Baureihe E 251.

31. Oktober 1905 aus. Die HBE begann anschließend mit der Ausarbeitung der Baupläne. Während diese für den Abschnitt Blankenburg (Harz)–Thale Bodetal nach nur wenigen Monaten vorlagen, hatte die HBE mit dem Teilstück Thale Bodetal–Quedlinburg erhebliche Schwierigkeiten. Neben ungeklärten Grundstücksfragen war auch der Streckenverlauf lange Zeit strittig. Erst am 18. April 1906 wurde eine Einigung erzielt. Doch dann konnten sich die HBE und die Preußische Staatsbahn nicht über die Einfädelung der Strecke in den Bahnhof Quedlinburg einigen. Da im Quedlinburger Bahnhof Bauland fehlte, musste die Westseite der Station völlig neu gestaltet werden. Dazu gehörte u.a. der Neubau eines Stellwerks und ei-

Blick auf den Bahnhof Rübeland Tropfsteinhöhlen Anfang der 1950er Jahre. Rechts stand Triebwagen T 1. Links fuhr eine Dampflok der »Tierklasse« aus dem Bahnhof aus.

1913 wurden im Güterbahnhof Thale-Roßtrappe für das EHW Thale etwa 18.000 Güterwagen abgefertigt. Auch die Papierfabrik Weddersleben, die Ziegelei Kratzenstein und die Maaßmühle in Quedlinburg sorgten für ein hohes Frachtaufkommen. Der Personenverkehr war ebenfalls beachtlich.

Ab 1907 verzeichnete die HBE einen deutlichen Anstieg des Ausflugsverkehrs. Die HBE förderte dies, indem sie u.a. in der Sommersaison (1.5–15.10.) so genannte »Fahrkartenbücher« ausgab. Mit diesen Fahrkartenheften bot sie werktags besonders attraktive Tarife für Ausflugsfahrten zwischen Blankenburg, Derenburg, Halberstadt, Quedlinburg und Thale Bodetal an.

Trotzdem war die Bilanz der HBE nicht makellos. Vor allem der Verkehr auf der Strecke Derenburg–Minsleben bereitete dem Vorstand Kopfzerbrechen, da er weit hinter den Prognosen zurück blieb. Besonders der erhoffte Durchgangsverkehr in Richtung Wernigerode und Bad Harzburg blieb aus. Selbst die in Zusammenarbeit mit der Preußischen Staatsbahn in der Sommersaison angebotenen drei Kurswagenumläufe Bad Harzburg–

Wernigerode–Blankenburg (Harz)–Thale Bodetal und zurück führten nicht zu den erhofften Fahrgastzahlen. Die HBE wollte deshalb ihre Züge bis nach Wernigerode durchbinden. Doch dies stieß bei der Preußischen Staatsbahn auf Widerstand. Erst ab 1. Dezember 1913 durfte die HBE mit ihren Personenzügen die Strecke Minsleben–Wernigerode befahren.

Parallel dazu arbeitete die HBE das Projekt einer Nebenbahn von Elbingerode West über Elend, Braunlage, St. Andreasberg und Sieber nach Herzberg aus. Diese 42,4 km lange und 8,1 Millionen Mark teure Nebenbahn sollte ausschließlich mit Adhäsionsloks betrieben werden. Die Umsetzung des im April 1914 vorgestellten Vorhabens scheiterte jedoch am Ersten Weltkrieg, der am 1. August 1914 begann.

Während des Krieges erreichte das Verkehrsaufkommen auf den Strecken der HBE bis dahin ungekannte Ausmaße. Vor allem auf der Harzbahn nahmen die Transporte deutlich zu. Die kombinierte Adhäsions-Zahnradbahn hatte aufgrund der komplizierten und wartungsintensiven Zahn-

Güterzug mit Zahnraddampflok bei Bast-Michaelstein. Im Hintergrund auf dem Berg steht die Kaiserwarte.

radmaschinen ihre Leistungsgrenze erreicht. Der seit Herbst 1915 amtierende Betriebsdirektor Otto Steinhoff (1873–1931) suchte deshalb nach einer Alternative, den schwerfälligen Zahnradbetrieb durch den einfacheren Reibungsbetrieb abzulösen.

Mit der Umsetzung dieses kühnen Vorhabens im Jahr 1920 durch die Indienststellung der schweren 1´E 1´h2-Tenderloks der TIERKLASSE schrieb die HBE ein weiteres Mal Technikgeschichte.

Doch damit waren die Schwierigkeiten der HBE noch lange nicht gelöst. Die zunehmende Geldentwertung Anfang der 1920er Jahre, die Politisierung der Belegschaft durch Gewerkschaften und Parteien sowie notwendige Investitionen in die Infrastruktur und die Fahrzeuge erforderten einen tief greifenden Umbau des Unternehmens, das 1920 erstmals in seiner Geschichte rote Zahlen schrieb. Otto Steinhoff konnte jedoch binnen kürzester Zeit das Blatt wenden. Ein wichtiger Beitrag dazu war im Juni 1920 die Gründung der »Blankenburger Eisenbahnbedarfs- und Maschinenfabrik GmbH«. Diese übernahm fortan die Wartung der HBE-Fahrzeuge und die Ausbildung des technischen Nachwuchses. Durch die Trennung von Instand-

haltung und Bahnbetrieb konnte die HBE die Kosten deutlich verringern.

Die HBE musste aber auch – ebenso wie andere Unternehmen – gering ausgelastete Züge streichen und kaum genutzte Haltepunkte (Helsunger Krug und Dippeword an der Strecke Blankenburg–Quedlinburg) stilllegen. Im Zuge dessen stand ab 1919 auch der Personenverkehr zwischen Derenburg und Minsleben zur Diskussion. Er wurde am 30. April 1921 eingestellt. Im Güterverkehr wurde die Strecke jedoch noch bis zum Sommer 1930 bedient, bevor sie stillgelegt und 1934 demontiert wurde.

Anfang der 1920er Jahre machte sich im Einzugsbereich der HBE der Kraftverkehr als ein neuer Mitbewerber bemerkbar. Bereits die ersten Autobuslinien der Reichspost und privater Fuhrunternehmer führten zu einem Rückgang der Fahrgastzahlen. Ab Mitte der 1920er Jahre verschärfte sich dieser Wettbewerb. Gemeinsam mit der Gernrode-Harzgeroder Eisenbahn-Gesellschaft (GHE) und der »Centralverwaltung für Secundairbahnen Herrmann Bachstein« (CV), die die SHE und die Strecke Wasserleben–Börßum betrieb, gründete die HBE am 5. Dezember 1924 die »Harz-Kraftfahr-

Einfahrt in den Bahnhof Rübeland Tropfsteinhöheln. Man beachte das wegen der engen Platzverhältnisse Schiene/Strasse links neben dem Gleis stehende Einfahrsignal mit Negativflügeln.

zeuglinien der Ostharzbahnen GmbH«. Alle drei Unternehmen ergänzten ihren Bahnbetrieb nun durch einen Busverkehr. Die HBE richtete u.a. einen Stadtverkehr in Quedlinburg und die Buslinie Halberstadt–Harsleben ein.

Dank der weitsichtigen Geschäftsführung war die HBE in der zweiten Hälfte der 1920er Jahre ein hoch profitables Unternehmen. Im Geschäftsjahr 1927 betrieb die HBE ein 87,23 km langes Streckennetz. Dafür standen 21 Dampfloks, 60 Personen-, 10 Pack- und Post- sowie 653 Güterwagen zur Verfügung. Im Betriebsdienst beschäftigte die HBE 516 Eisenbahner. Das Unternehmen beförderte mehr als 1,198 Millionen Reisende und ca. 1,2 Millionen Tonnen Güter. Mit dem bahneigenen Kraftverkehr betrieb die HBE insgesamt 15 Linien mit 174,2 km Länge. Die 33 Kraftwagen beförderten 1927 rund 950.000 Fahrgäste und 7.200 t Güter.

Ende der 1920er Jahre plante die HBE einen grundlegenden Umbau der Harzbahn, da die Spitzkehre in Bast-Michaelstein und die 1:16,6-Steigung zwischen Rübeland und Hüttenrode einen effektiven Betriebsablauf unmöglich machten. Immerhin transportierte die HBE auf ihrer Steilstrecke 1929 über 1,3 Millionen Reisende und fast 1,25 Millionen

Tonnen Güter! Die HBE erarbeitete deshalb das Projekt für eine Neubaustrecke von Blankenburg über Wienrode nach Hüttenrode und eine teilweise Neutrassierung des Abschnitts Hüttenrode–Rübeland. Die Kosten dafür wurden auf etwa 2 Millionen Mark geschätzt. Allerdings konnte die HBE aufgrund der gesamtwirtschaftlichen Lage nur die neue Trasse zwischen Hüttenrode und Rübeland anlegen. Die Arbeiten dafür begannen 1930. Dabei entstanden der 90 m lange Nebelsholz-Tunnel, der 307 m lange Tunnel Krumme Grube und der 99 m lange Krockstein-Viadukt. Die imposante Stahlträgerkonstruktion, im Volksmund als »Kreuztal-Viadukt« bezeichnet, ist mit einer Höhe von 29,16 Metern der höchste Eisenbahn-Viadukt des Harzes. Im Zuge der Neutrassierung entstand auch der neue Bahnhof Rübeland Tropfsteinhöhlen. Der alte Bahnhof Rübeland wurde zu einem Abstell- und Güterbahnhof umfunktioniert.

Generaldirektor Otto Steinhoff gab am 12. Februar 1931 den Betrieb auf der 2,4 km langen Neubaustrecke frei. Mit der Verringerung der Steigung von 1:16,6 auf 1:37 konnte die maximale Zuglast von Rübeland nach Hüttenrode von 180 auf 460 t angehoben werden.

Personenzug bei Elbingerode um 1920.

Die 1929 einsetzende Weltwirtschaftskrise hatte gravierende Folgen für die HBE, bei der in erster Linie der Fremdenverkehr zusammenbrach. Die Betriebsleitung strich daher in der Folgezeit einige Personenzüge. Durch den verstärkten Einsatz von Triebwagen versuchte das Unternehmen, die Betriebskosten zu senken. Auf Entlassungen verzichtete die HBE weitgehend. 1930 standen bei der HBE und deren Tochterunternehmen etwa 750 Männer und Frauen in Lohn und Brot.

Erst in der zweiten Hälfte der 1930er Jahre nahmen die Beförderungsleistungen wieder zu. Im Geschäftsjahr 1937 bilanzierte der Vorstand den Transport von über 1,032 Millionen Reisenden und 1,64 Millionen t Gütern. Die gesamten Betriebseinnahmen beliefen sich auf etwa vier Millionen RM, von denen 1,29 Millionen RM als Gewinn verblieben.

Während des Zweiten Weltkrieges nahm der Güterverkehr auf den Strecken der HBE erneut deutlich zu. Besonders die Rüstungstransporte der Harzer Werke, des EHW Thale und die Kalkzüge für die Karbidherstellung sorgten für ein bis dahin nicht gekanntes Frachtaufkommen. Allerdings musste die HBE den Reiseverkehr ab 1942 mangels Personal und Fahrzeugen deutlich einschränken.

Den Zweiten Weltkrieg überstand die HBE im Wesentlichen ohne nennenswerte Zerstörungen, obwohl der Harz am 8. April 1945 zur Festung erklärt wurde. Lediglich die Anlagen des Bahnhofs Halberstadt wurden am 7. April 1945 schwer zerstört. Durch Gefechte zwischen amerikanischen und deutschen Verbänden wurden auch Teile der Strecken Königshütte–Tanne und Langenstein–Derenburg in Mitleidenschaft gezogen. Erst mit dem Einmarsch der US-Armee am 20. April 1945 in Blankenburg waren die Kampfhandlungen zu Ende.

Zu diesem Zeitpunkt ruhte bereits der Verkehr auf den Strecken der HBE. Wann die ersten Züge wieder fuhren, ist bis heute unklar. Die britische Militärverwaltung genehmigte erst ab dem 9. Juni 1945 einen provisorischen Fahrplan, der werktags auf allen Strecken mit Ausnahme der Abschnitte Langenstein-Derenburg und Königshütte-Tanne zwei Personenzugpaare vorsah. Nach dem Einmarsch der ersten Verbände der Roten Armee am 30. Juni 1945 in die benachbarte preußische Provinz Sachsen geriet die HBE in eine politisch und betrieblich sehr komplizierte Lage. Die Demarkationslinie zwischen der britischen und der sowjetischen Besatzungszone (SBZ) unterbrach die Stammbahn

Dampflok »Ziegenkopf«.

hinter Langenstein und die Nebenbahn nach Quedlinburg hinter Timmenrode. Die HBE war damit de facto zu einem regelspurigen Inselbetrieb geworden. Dies änderte sich erst mit der zwischen Briten und Sowjets vereinbarten Grenzkorrektur. Damit gehörte das gesamte Streckennetz der HBE ab 23. Juli 1945 zur SBZ.

Die Enteignung

Die Sowjetische Militäradministration in Deutschland (SMAD) setzte sofort einen Kommandanten ein, der den gesamten Betrieb auf der HBE überwachte. Bereits am 25. Juli 1945 trat der erste von

der SMAD genehmigte Nachkriegsfahrplan in Kraft. Aufgrund des SMAD-Befehls Nr. 124 wurde die HBE am 30. Oktober 1945 sequestiert und unter die Verwaltung des Landes Sachsen-Anhalt gestellt. Der Geschäftsführung gelang es jedoch, die Eigenständigkeit des Unternehmens zu bewahren. Doch dies war ein knappes Jahr später vorbei. Im Auftrag des Präsidenten des Landes Sachsen-Anhalt informierte die Abteilung Neuordnung der Wirtschaft in der Hauptabteilung Wirtschaft am 1. September 1946 den Vorstand über die Enteignung des Unternehmens. Ab 1. Januar 1947 war die »Säch-

Dampflok »Boernecke«.

Lok MAMMUT fährt im Sommer 1932 in den Bahnhof Rübeland ein. Unten die Abzweigung zum alten Bahnhof, ab 1931 Güterbahnhof Rübeland,

Lok MAMMUT im Sommer 1932 auf dem Krockstein-Viadukt (im Volksmund »Kreuztal-Viadukt" genannt).

Lok MAMMUT und Lok 2 im Sommer 1932 in der Betriebswerkstatt Blankenburg.

sische Provinzbahnen GmbH« für die Verwaltung und Betriebsführung der HBE verantwortlich.

Die Geschäftsführung der HBE erhob am 11. Januar 1947 Einspruch gegen die Enteignung. Der Präsident der Provinzialverwaltung lehnte diesen aber am 4. September 1948 ab. Damit war das Schicksal der HBE in der SBZ besiegelt. Da die Gesellschaft aber noch über ein erhebliches Vermögen sowie einige Wagen in den westlichen Besatzungszonen verfügte, wurde 1949 der Sitz der HBE von Blankenburg nach Braunschweig verlegt. Dort firmierte das am 13. Januar 1949 neu gegründete Unternehmen als »Halberstadt-Blankenburger Eisenbahn-Gesellschaft (West) AG«. Das Stammkapital betrug nach der Währungsreform 420.000 DM. Allerdings hatte die HBE (West), die 1965 in eine GmbH umgewandelt wurde, keinen eigentlichen Geschäftsbetrieb mehr.

Die ehemalige HBE in der SBZ unterstand ab dem 16. August 1948 der Vereinigung Volkseigener Betriebe (VVB) des Verkehrswesens Sachsen-Anhalt. Wie alle ehemaligen Klein- und Privatbahnen in der SBZ wurde die HBE auf Beschluss der Deutschen Wirtschaftskommission am 1. April 1949 an die Deutsche Reichsbahn (DR) übergeben. Die Strecken der ehemaligen HBE gehörten nun zum Reichsbahnamt (Rba) Halberstadt (ab 1954: Rba Aschersleben) der Reichsbahndirektion (Rbd) Magdeburg. Diese führte bis zum 1. Januar 1950 die bei der DR üblichen Verwaltungsstrukturen ein. Dabei entstanden in Blankenburg der Bahnhof, das Reichsbahnausbesserungswerk (Raw) und das Bahnbetriebswerk (Bw).

Die DR stockte in den folgenden Monaten schrittweise den Personenverkehr auf den Strecken der ehemaligen HBE auf. Die Strecken Halberstadt–Blankenburg (Harz) und Blankenburg (Harz)–Rübeland besaßen aufgrund der umfangreichen Kalk- und Erztransporte eine sehr große volkswirtschaftliche Bedeutung für die DDR.

Aufgrund des stetig steigenden Güterverkehrs erreichte die Harzbahn abermals die Grenze ihrer Leistungsfähigkeit. Deshalb schränkte die Rbd Magdeburg ab dem 1. November 1957 den Personenverkehr auf der Steilstrecke erheblich ein. Mit Ausnahme des Berufsverkehrs wurden fortan alle Reisezüge mit Bussen im Schienenersatzverkehr (SEV) gefahren.

Lok 71 war die letzte Zahnradlok der HBE.

Die »Rübelandbahn«

Doch diese Maßnahme führte nur kurzzeitig zu einer Entspannung der Lage. Auf ihrem V. Parteitag (10.–16.7.1958) beschloss die Sozialistische Einheitspartei Deutschlands (SED) das so genannte »Chemieprogramm«. Unter der Losung »Chemie bringt Brot, Wohlstand und Schönheit« sollte bis 1965 die Chemieindustrie der DDR erheblich ausgebaut werden. Für etwa 3,6 Milliarden Mark war der Bau neuer Anlagen geplant, mit deren Hilfe die Produktion um 64 % gesteigert werden sollte. Eckpfeiler für dieses Programm war die Karbidchemie, deren Rohstoff Kalk im Harz gewonnen wurde und vor allem nach Piesteritz und Schkopau transportiert werden musste.

Die nun geforderten Frachtmengen waren mit der vorhandenen Infrastruktur und den bisher eingesetzten Dampfloks nicht zu erbringen. Nach Abwägung aller Alternativen beschloss das Ministerium für Verkehrswesen (MfV) am 3. Juli 1959 die Elektrifizierung der Harzbahn. Die Frage des zu verwendenden Stromsystems war allerdings zu diesem Zeitpunkt noch offen. Erst am 10.12.1960 schlug die Hauptverwaltung der Maschinenwirtschaft (HvM) die Elektrifizierung mit Einphasen-Wechselstrom mit 25 kV bei 50 Hz vor.

Außerdem mussten die Strecken Halberstadt–Blankenburg (Harz) und Blankenburg (Harz)–Königshütte ausgebaut werden. Für die Bahnhöfe der Harzbahn waren Nutzlängen von mindestens 450 m gefordert. Weitere notwendige Projekte waren der Ausbau der Relation Halberstadt–Blankenburg (Harz)–Königshütte auf eine Achsfahrmasse von 21 t, eine Verbindungskurve in Halberstadt, damit die Güterzüge aus und in Richtung Halle (Saale) ohne Kopfmachen im Bahnhof Halberstadt verkehren konnten, die Umfahrung des Bielsteintunnels und ein neuer Rangierbahnhof in Blankenburg. Das gewaltige Investitionsprogramm begann im März 1963 mit dem Ausbau der Stammbahn. Am 16. Juni 1964 fuhr der erste Güterzug in den neuen Rangierbahnhof Blankenburg Nord ein.

Als äußerst kompliziert erwies sich die Umfahrung des Bielsteintunnels bei Braunesumpf. Der Tunnel stammte noch aus der Zeit der Erzstufenbahn. Er lag direkt unter der heutigen Bundesstraße B 27. Eine Erweiterung des Lichtraumprofils war schwierig, da einerseits die Ausmauerung verschlissen und andererseits das Deckgebirge über dem Tunnel verhältnismäßig dünn war. Zudem hätten die Bauarbeiten am Tunnel den Betrieb auf der Harzbahn behindert. Aus diesen Gründen entschied sich die DR für eine neue Trasse zwischen Braunesumpf und Michaelstein. Für die nur wenige Kilometer lange Strecke mussten über 500.000 m³ Erdreich und Fels bewegt werden – mehr als beim Bau der gesamten Zahnradbahn von Blankenburg nach Rübeland. Die Umfahrung ging am 22. Juni 1965 in Betrieb.

Mit dem Abschluss der Elektrifizierung der Steil-

Lok 10 im Sommer 1932 auf der Drehscheibe der Betriebswerkstätte Blankenburg.

Lok 31 im Sommer 1932 als Rangierlok in Rübeland.

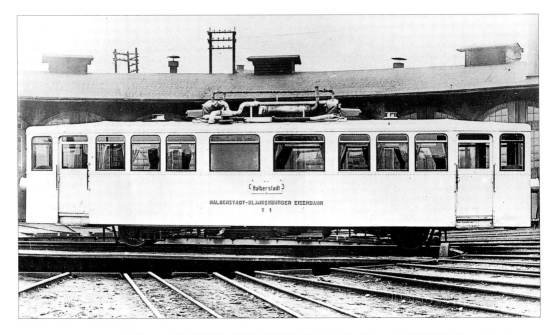

T1 in den 1930er Jahren in der Betriebswerkstätte Blankenburg.

strecke Blankenburg (Harz)–Königshütte waren im Herbst 1965 die Arbeiten weitgehend beendet. Allerdings konnte die elektrische Zugförderung am 10. Dezember 1965 nur teilweise aufgenommen werden, da die Streuströme die Sprengarbeiten in den Erzgruben und Kalktagebauen gefährdeten. Erst nachdem dieses Problem beseitigt war, konnten die eigens für den Harz entwickelten

T2 mit Beiwagen etwa 1935 im Bahnhof Blankenburg.

60 Die Kleinbahn

Lok MAMMUT am 2.7.1988 mit Akku-Schleppfahrzeug (ASF) 09 auf der Drehscheibe des Bw Blankenburg.

Elektroloks der Baureihe E 251 ab 1. August 1966 ohne Einschränkungen eingesetzt werden. Für die Strecke Blankenburg (Harz)–Königshütte bürgerte sich nun der Name »Rübelandbahn« ein.

Allerdings schrumpfte in den 1960er Jahren das Streckennetz der ehemaligen HBE merklich. Zuerst stellte die DR am 26. September 1964 den Reiseverkehr auf der Verbindung Elbingerode West–Drei Annen Hohne ein. Ein Jahr später, am 25. 9.1965, verkehrten die letzten Personenzüge zwischen Königshütte und Tanne. Auch die Strecken Langenstein–Derenburg und Thale Bodetal–Quedlinburg hatten nun ausgedient. Auf der Stichstrecke nach Derenburg stellte die DR am 15. November 1968 den Personen- und Güterverkehr ein. Am 1. Juni 1969 ging der Personenverkehr auf dem Abschnitt Thale Bodetal–Quedlinburg zu Ende. Im Güterverkehr wurde der Abschnitt Quedlinburg–Weddersleben als Streckenrangierbezirk noch bis 31. Dezember 1973 betrieben. Danach endeten die Übergaben an der ehemaligen Ziegelei Kratzenstein (km 15,4).

Zu diesem Zeitpunkt war auch der Personenverkehr zwischen Blankenburg und Thale Bodetal bereits Geschichte. Noch vor Ablauf des Winterfahrplans hatte die DR am 19. März 1973 den Reiseverkehr eingestellt. Für den Güterverkehr war die Strecke Blankenburg (Harz)–Thale Bodetal jedoch unverzichtbar, da über sie das EHW Thale versorgt wurde. Das Verkehrsaufkommen rechtfertigte sogar die Instandsetzung der Strecke im Rahmen der »Zentralen Oberbauerneuerung« Mitte der 1970er Jahre. Die Bahnhöfe Bodetal und Roßtrappe einschließlich des Streckengleises bis zum km 6,7 übergab die DR am 1. Januar 1984 an das EHW Thale, dem hier nun die Betriebsführung oblag.

Reger Personen- und Güterverkehr

Auf den verbliebenen Strecken der ehemaligen HBE herrschte in den 1970er und 1980er Jahren rund um die Uhr Betrieb. Mit der Verlagerung des Güterverkehrs von der Straße auf die Schiene Anfang der 1980er Jahre nahm das Frachtaufkommen weiter zu. Allein das Transportvolumen der Rübelandbahn betrug ab Mitte der 1980er Jahre ca. drei Millionen Tonnen pro Jahr. Auch auf den Verbindungen Blankenburg (Harz)–Thale Bodetal und Halberstadt–Blankenburg (Harz) bestimmte der Güterverkehr den Betriebsablauf. Im Reiseverkehr wurden in erster Linie Berufspendler und Schüler befördert.

75 6676 Anfang der 1960er Jahre im Bw Blankenburg.

75 6677 Ende der 1950er Jahre in Hüttenrode.

62 Die Kleinbahn

75 6776 Anfang der 1960er Jahre nach einem Aufenthalt im Raw Halle (Saale) in Halle (S).   Foto: Slg. R. Wiedemann

92 6880 Anfang der 1960er Jahre im Bw Blankenburg.

93 6776 Anfang der 1960er Jahre nach einem Aufenthalt im Raw Halle (Saale) in Halle (S).   Foto: Slg. R. Wiedemann

95 016 Anfang der 1960er Jahre im Bw Blankenburg.

E 251 002 am 11.6.2004 im alten Bahnhof Rübeland.

Der Niedergang

Mit der Wende in der DDR und den tief greifenden wirtschaftlichen Folgen der deutschen Wiedervereinigung brach der Personen- und Güterverkehr auf den Strecken der ehemaligen HBE binnen weniger Monate zusammen. Mit der Schließung des EHW Thale verlor die Strecke Blankenburg (Harz)–Thale Bodetal ihre Existenzberechtigung. Bereits am 2. Juni 1991 führte die DR in Abstimmung mit der Werkbahn des EHW Thale eine Betriebsruhe an Wochenenden ein. Mit der Stilllegung des Heizkraftwerkes in Thale Nord im Frühjahr 1993 war die Einstellung des Güterverkehrs nicht mehr zu verhindern. Am 30. Juni 1993 verkehrte der letzte Güterzug auf der Strecke Blankenburg (Harz)–Thale Bodetal. Nach der Kündigung des Anschlussvertrages durch das EHW verhängte die DR am 5. Januar 1994 eine Verkehrssperre für die Strecke. Auch die am 1. Januar 1994 gegründete Deutsche Bahn AG (DB AG) hatte kein Interesse mehr an dieser Strecke. Gleichwohl veranstalteten der Landkreis Quedlinburg und die Braunschweigische Landes-Museumseisenbahn (BLME) am 9. und 10. April sowie am 4. und 5. Juni 1994 Sonderfahrten auf der Strecke Blankenburg (Harz)–Thale Bodetal. Allerdings hatte das EHW Thale bereits mit der Demontage der Gleise begonnen. Am 26. August 1994 war der Rückbau bis zum Einfahrsignal des Bahnhofs

Thale Roßtrappe am km 6,7 beendet. Parallel dazu leitete die DB AG das Stilllegungsverfahren ein. Damit war der seitens des Landkreises Quedlinburg und der BLME geplante Erhalt der Strecke als Museumsbahn hinfällig. Mit Wirkung zum 29. Januar 1999 legte die DB AG schließlich den Abschnitt Blankenburg (Harz)–km 6,7 still.

Auf der Rübelandbahn und der Strecke Halberstadt–Blankenburg (Harz) strich die DR ab 1991 mangels Transportaufkommens zahlreiche Güterzüge. Im Sommer 1994 hatte der Güterverkehr auf der Rübelandbahn die Talsohle erreicht. Ein langfristiger Transportvertrag zwischen der DB AG und der Harz Kalk GmbH brachte jedoch eine Trendwende. Bis 1997 stieg das Transportvolumen auf rund 1,8 Millionen t jährlich an, von denen jedoch 95 % auf die Kalkwerke entfielen.

Der Personenverkehr verlor hingegen immer mehr an Bedeutung. 1992 zählte die DR auf der Strecke Halberstadt–Blankenburg (Harz) täglich 957 Reisende und auf der Rübelandbahn 250 Fahrgäste. Obwohl das Angebot in den folgenden Jahren durch einen Taktfahrplan (ab 23.5.1993) und eine höhere Zugdichte verbessert wurde, gelang es weder der DR noch der DB AG die Abwanderung der Fahrgäste zu stoppen. Aufgrund der langen Reisezeiten auf der Rübelandbahn, des notwendigen Umsteigens in Blankenburg und des parallel ver-

251 009 Anfang der 1970er Jahre mit einem Personenzug bei Braunesumpf. Das Foto zeigt deutlich die schwierigen Geländeverhältnisse auf der Rübelandbahn.

Nahverkehrszüge zwischen Elbingerode und Königshütte ab. Seit dem 30. Mai 1999 endeten die Reisezüge in Elbingerode.

Von der Deutschen Bahn AG zur Havelländischen Eisenbahn AG

Auch in den folgenden Monaten entwickelten sich der Personen- und Güterverkehr völlig unterschiedlich. Die Nahverkehrszüge nutzte kaum noch jemand. Daran änderten auch die seit dem 10. Juni 2001 durchgehenden Verbindungen zwischen Halberstadt und Elbingerode nichts. Als die NASA im Auftrag des Landes Sachsen-Anhalt im Sommer 2002 erneut Leistungen im SPNV abbestellte, schien auch das Schicksal der Reisezüge auf der Rübelandbahn besiegelt. Doch in der Region sorgte das Vorhaben für einen Proteststurm. Das Verkehrsministerium und die NASA rückten deshalb von ihrem ursprünglichen Plan ab und stornierten lediglich die werktags verkehrenden Reisezüge. Ab 29. September 2002 verkehrten dann nur noch an Wochenenden und Feiertagen vier Nahverkehrszugpaare auf der Rübelandbahn.

Damit war die Strecke aber noch lange nicht aus den Schlagzeilen. Ab Herbst 2002 sorgten die Pläne der DB AG, den Güterverkehr mit Dieselloks statt wie bisher mit Elektroloks abzuwickeln, für erheblichen Ärger. Die DB AG begründete ihr Vorhaben in erster Linie mit notwendigen Investitionen in die Erneuerung der Oberleitung. Außerdem mussten mittelfristig die Loks der Baureihe 171 ersetzt und streckenweise der Oberbau erneuert werden. Die DB AG, die Fels-Werke (als wichtigster Güterkunde mit ca. 1,6 Millionen Tonnen pro Jahr) und das Land Sachsen-Anhalt verhandelten nun über eine Gesamtlösung für die Rübelandbahn. Am 18. März 2003 teilte die DB AG das Ergebnis der Verhandlungen mit. An den Gesamtkosten für die Sanierung der Strecke und der Fahrleitungen in Höhe von 7 Millionen Euro beteiligte sich das Land mit 1,5 Millionen Euro. Im Gegenzug behielt die

laufenden Busverkehrs sanken die Fahrgastzahlen kontinuierlich. Daran änderte sich auch mit der Regionalisierung des Schienenpersonennahverkehrs (SPNV) im Jahr 1996 nichts. Das Land Sachsen-Anhalt übertrug die ihm nun obliegende Bestellerfunktion im SPNV der Nahverkehrsservice-Gesellschaft Sachsen-Anhalt (NASA).

In der Zwischenzeit investierte die DB AG in die Rübelandbahn. Nachdem 1993 die Oberleitung, die Brücken und einige Stützmauern saniert worden waren, mussten nun die beiden Trafos für die Bahnstromversorgung im Unterwerk Blankenburg erneuert und die Elektroloks der Baureihe 171 hauptuntersucht werden. Die Arbeiten an den Trafos dauerten bis zum 1. Juli 1998.

Doch die Negativmeldungen nahmen kein Ende: Mit dem Ausbau des Busangebots brachen 1997 die Fahrgastzahlen förmlich zusammen. Besonders dramatisch war es auf dem Abschnitt Elbingerode–Königshütte, wo die NASA nur noch 50 Reisende pro Tag zählte. Die Konsequenzen ließen nicht lange auf sich warten. Die NASA bestellte die

251 007 am 24.7.1991 auf der Drehscheibe des Bw Blankenburg.   Foto: F. Köhler/Archiv Dirk Endisch

251 006 am 2.7.1988 in der Spitzkehre Michaelstein.

171 001 am 2.6.2000 auf dem Krockstein-Viadukt.

DB AG die elektrische Zugförderung bei. Bereits am 25. März 2003 begann die DB AG mit den ersten Arbeiten. Außerdem bestellte die NASA zusätzliche SPNV-Leistungen, so dass ab 14.12.2003 wieder täglich Nahverkehrszüge auf der Rübelandbahn verkehrten.

Damit schien die Zukunft der Strecke Blankenburg (Harz)–Elbingerode langfristig gesichert. Doch der Eindruck täuschte, denn bei der Ausschreibung des SPNV im Nordharz fehlte die Rübelandbahn. Auch nach der Vergabe der Leistungen an Connex im Dezember 2003 waren die Nahverkehrszüge auf der Rübelandbahn kein Thema mehr. Mangels Reisender bestellte die NASA deshalb nach dem Fahrplanwechsel 2005 keine weiteren Leistungen mehr auf der Steilstrecke.

Doch damit rissen die Hiobsbotschaften noch nicht ab. Anfang 2005 schrieben die Fels-Werke zwei Drittel ihrer Güterzugleistungen auf der Rübelandbahn neu aus, da die DB AG-Tocher Railion die Preise deutlich erhöhen wollte. Die Fels-Werke vergaben die Leistungen an die Osthavelländische Eisenbahn (OHE-Sp), die aber anstelle der bisherigen Elektrotraktion auf Dieselloks des Typs »Blue Tiger« zurückgriff. Am 23. März 2005 absolvierte der erste »Blue Tiger« seine Probefahrten. Nach weiteren Tests übernahm die OHE-Sp termingerecht am 1. April 2005 die ausgeschriebenen Aufgaben, wofür ab dem 30. Juni 2005 drei »Blue Tiger« zum Einsatz kamen.

Der Einsatz der Großdiesselloks führte zwar zu Protesten bei den Anliegern sowie den Kommunal- und Landespolitikern, doch den zahllosen Unmutsäußerungen folgten keine entscheidenden Schritte. Mit der Vergabe der Leistungen an die OHE-Sp war für die DB AG der weitere Erhalt der Anlagen für die elektrische Zugförderung wirtschaftlich nicht mehr vertretbar. Am 15. Mai 2005 beendete Railion deshalb den Einsatz der Baureihe 185 auf der Rübelandbahn und schickte fortan ebenfalls Dieselloks (Baureihen 233 und 242) in den Harz. Nur kurze Zeit später, am 17. Mai 2005, schaltete die DB AG die elektrische Fahrleitung ab. Parallel dazu wurden die Strecke und die Bahnstromversorgung zur Übernahme ausgeschrieben.

Der völlige Rückzug der DB AG aus dem Harz war jetzt nur noch eine Frage der Zeit. Am 10.12.005 verkehrten die letzten (planmäßigen) Reisezüge

171 001 und 171 005 am 1.6.2000 in Elbingerode.

171 003, 171 014 und 171 012 im September 1993 hinter dem Lokschuppen des Bw Blankenburg.

228 805 am 11.3.1993 in Rübeland.

233 281 mit weiteren »Ludmillas« am 30.3.2005 in Blankenburg.

185 08 und 185 171 am 31.3.2005 in Blankenburg.

auf der Rübelandbahn. Einen Tag später übernahm Connex den Nahverkehr auf der Strecke Halberstadt–Blankenburg (Harz). Damit war nur noch Railion auf der ehemaligen HBE aktiv. Doch zu diesem Zeitpunkt liefen bereits Verhandlungen über eine Abgabe der Railion-Leistungen zwischen der DB AG und der OHE-Sp, die nun als Havelländische Eisenbahn AG (hvle) firmierte. Am 1. April 2006 trat der entsprechende Vertrag in Kraft. Parallel dazu liefen Gespräche zwischen der DB Netz AG als Eigentümer der Streckeninfrastruktur und den Fels-Werken über eine Abgabe der Rübelandbahn. Die Fels-Werke gründeten dafür die Fels Netz GmbH, die ab 1. Mai 2006 die Strecke von der DB AG pachtete. Der Vertrag läuft bis zum 31. Dezember 2025. Das Land Sachsen-Anhalt hatte zuvor der Fels Netz GmbH die Zulassung als Eisenbahn-Infrastrukturunternehmen erteilt. Damit ist die Rübelandbahn de facto wieder eine Privatbahn.

Der neue Betreiber begann umgehend damit, den Betrieb auf der Rübelandbahn zu rationalisieren. Dazu wurde der Zugleitbetrieb eingeführt. Als Zugleiter fungiert der Fahrdienstleiter in Rübeland. Außerdem bekräftigte die Fels Netz GmbH im Frühjahr 2006 ihre Absicht, die elektrische Zugförderung wieder aufnehmen zu wollen. Das Land will dies finanziell unterstützen. Konkrete Schritte dazu gab es jedoch bis Herbst 2006 noch nicht.

Auch der seitens des Landes gewünschte Museumsbetrieb auf der Rübelandbahn war 2006 noch ein Wunschtraum.

Fortsetzung in Band 16

250 002 der OHE-Sp mit dem ersten planmäßigen Güterzug am 1.4.2005 im Werkbahnhof der Fels-Werke.

»Blue Tiger« 250 002 der OHE-Sp am 30.3.2005 in Rübeland

Lokalbahnen in Österreich

Cargo Service (CargoServ)

CargoServ fährt von Summerau nach Linz Voestalpine Stahl wöchentlich fünfzehn Kohlenzüge. Außerdem werden im gleichen Zeitraum vier Stahlcoilzüge über die ÖBB-Tauernbahn nach Italien transportiert.

Im Einsatz sind vier Siemens-Dispoloks:
ES 64 U2-005 (Siemens 2002/20561)
ES 64 U2-040 (Siemens 2004/21044)
ES 64 U2-080 (Siemens 2003/20779)
ES 64 U2-081 (Siemens 2003/20780)SL

Graz-Köflacher-Bahn (GKB)

GKB-Diesellok DH 600.3 (Jenbacher) erhielt bei einer Grundüberholung einen Carterpillar-Motor. Sie wird auf der Strecke St. Paul-Lavamünd eingesetzt. Neu bei der GKB ist die Diesellok 1700.1 (Vossloh VSFT 2003/1001154; Typ G 1700 BB).

Diesellok 1500.7 wurde an Vossloh zurückgegeben.

Außer den dreizehn VT 70 besitzt die GKB für den Berufsverkehr fünf Doppelstockwendezüge. Da die GKB-Dieselloks vorrangig im Güterverkehr eingesetzt werden, haben sie keine Heizanlage. Zur Beheizung der Dosto wurde daher in die Steuerwagen ein Heizaggregat eingebaut. Um Dosto-Züge auch ohne Steuerwagen fahren zu können, wurde zusätzlich der zweiachsige Dienstwagen Diho 9 auch mit einem Heizaggregat ausgerüstet. Sie wird u.a. benötigt, wenn Dosto-Steuerwagen zur Revision in der Werkstatt sind.

Der Umbau von Graz Köflacherbahnhof ist beendet. Im ÖBB-Bahnhof Graz wurde ein neues elektronisches Zentralstellwerk errichtet, das auch die Gleisanlagen der GKB steuert.

Nach Stillegung der Brauerei Reininghaus beim Köflacher Bahnhof in Graz wurden die dortigen Anschlußgleise abgebaut.

GKB: V 1500.1 mit Doppelstockwagenzug am 12.4.2003 in Graz-Köflacher Bahnhof.   Foto: Dr. Stefan Lueginger

Logistik Service GmbH (LogServ)

Neu bei dem VOEST-Bahntochter sind die Elloks ES 64 U2-080 und 081 (Siemens) für den Kalktransport von Steyerling nach Linz. Die Loks 016 und 022 vom gleichen Typ aus dem Siemens-Lokpool gingen an diesen zurück.

Rail Transport Service GmbH (RTS)

RTS, eine Tochtergesellschaft des Gleisbauunternehmens Swietelsky, hat zum Umsetzen von Gleisbaumaschinen von den ÖBB drei Dieselloks gekauft:
93812143005 (SGP 1966/18343; ex ÖBB 2143 005)
93812143007 (SGP 1966/18345; ex ÖBB 2143 007)
93812143032 (SGP 1970/18400; ex ÖBB 2143 032)
Die Loks erhiellten bei Layritz, Penzberg, neue Caterpillar-Dieselmotoren und wurden in der Swietelsky-Werkstatt in Klein-Neusiedl stationiert.

Salzburger Lokalbahn (SLB)

Am 16.4.2004 wurde die 3,4 km lange Schleppbahn zur Brauerei Stiegl nach Sanierung und Erweiterung dem Verkehr übergeben. Stiegl will (ähnlich wie Warsteiner in Deutschland) in Zukunft stärker die Bahn als Transportmittel nutzen. Im Einsatz war zunächst die SLB-V 81 (ex Wiener Lokalbahnen V 81). Reserve ist die Kleindiesellok V 2.
Die von den ÖBB bei einem Rangierunfall beschädigte V 82 ist nach Instandsetzung in der LogServ-Werkstatt Linz wieder nach Salzburg zurückgekehrt. Sie ist, wie inzwischen auch die V 82,

GKB: V 700.1 am 18.4.2005 in Graz.   Foto: Dr. Stefan Lueginger

CargoServ: ES 64 U2-081 am 21.5.2005 in Mallnitz. Foto: Dr. Stefan Lueginger

LILO: 22 151 und 22 153 im Juni 2004 in Eferding.   Foto: Dr. Stefan Lueginger

LogServ: 150.01 und 150.02 mit Kalkzug Steyerling-Linz im Januar 2005 bei der Einfahrt in den Linzer Verschiebebahnhof Ost.
Foto: Dr. Stefan Lueginger

jetzt Reservefahrzeug. Neu bei der SLB ist die Diesellok V 84 (ex ÖBB 2048 002). Auch die Loks V 85 (ex ÖBB 2048 003) wurde gekauft. Während ihrer Grundüberholung war ÖBB-Leihlok 2048 018 als V 87 bei der Lokalbahn. Neu ab Herbst 2006 ist außerdem Lok 87 (ex ÖBB Reihe 2048) neu bei der Bahn.

SLB und Salzburger Eisenbahn Transport Logistik (SETG) fahren im Rahmen des »Ecco-Cargo-Pongau« Containerzüge für die Holzindustrie Kaindl von Salzburg nach Hüttau und zurück. Zum Einsatz kamen 1116 911 (MWB-Taurus) und 1116 912 (EBM Cargo-Taurus). Außerdem wurden in Zusammenarbeit mit der Eisenbahn-Bau- und Betriebsgesellschaft Preßnitztalbahn (PRESS) Holzhackschnitzelzüge mit der Siemens-Dispolok ES 64 U2-051 von Deutschland nach Österreich befördert.

Die Mittelweserbahn-Diesellok V 2302 wurde im Rahmen von »Ecco-Cargo-Attergau« in Salzburg-Itzling stationiert. Sie fuhr fünfmal in der Woche Holzzüge von Salzburg nach Vöcklamarkt und Frankenmarkt. Der »Pongau« und der »Attergau« werden mittlerweile von einer Lokomotion-Ellok gezogen.

Stern & Hafferl (St+H)

Rail Cargo Austria (RCA)

Seit Dezember 2005 fährt St+H wechselnd mit den Dieselloks V 20011 und V 20012 für RCA Lokalgüterzüge im Raum Wels und Lambach. Montags bis freitags werden bei Wagenaufkommen die Bahnhöfe Sattledt, Gunskirchen, Breitenschützing und Stadl-Paura als auch Gleisanschlüsse in der gleichen Gegend bedient. Gleichzeitig wird das Bedarfsgüterzugpaar Lambach-Haag gefahren.

Lokalbahn Lambach-Vorchdorf (LV)

Der bei einem Zusammenstoß stark beschädigte ex Extertalbahn-ET 20111 wurde mit Teilen des beim gleichen Unfall zerstörten ET 20110 wieder aufgebaut. Er erhielt ein GPS-Zugleitsystem und ist seit dem 23.1.2006 (zusammen mit dem ET 20109) wieder auf der LV im Einsatz

Die LILO-Triebwagen (ex Köln) ET 22 136/ES 22236 und ET 22134/ES 22234 sind als Reservefahrzeuge in Vorchdorf stationiert.

Linzer Lokalbahnen (LILO)

Im Juli 2006 wurden umfangreiche Sanierungsarbeiten an der LILO-Strecke durchgeführt. Zeitweise mußte Schienenersatzverkehr von Eferding nach Linz mit Omnibussen gefahren werden. Von LogServ wurde für Bauzugdienste die Lok 1504.03 gemietet.

ET 22108, der von SGP 1951 an die Salzburger Lokalbahn gelieferte und 1992 an die LILO verkaufte ET 32, ging nach Salzburg zurück. Nach Einsatz bei »120 Jahre Salzburger Lokalbahn« sollte er zum Ersatzteilspender für den baugleichen ET 33 und die E 64 verwendet und anschließend verschrottet werden.

Verschrottet wurden:
Ellok E 22006 (ex Wuppertal)
ET 22141 (ex Köln)
ET 22142 (ex Köln)
ET 22133/ES 22233
ET 22135/ES 22235
X24641 (Turmwagen ex ÖBB X 532 43)

LILO-Oldtimer-Abschiedsfahrt

Mit dem Doppeltriebwagen B8bu ET 22143a + 22143b wurde am 5.6.2006 für eine kleine Gruppe von LILO-Freunden die letzte Fahrt von Eferding nach Neumarkt-Kallham veranstaltet. Der bereits ausgeschiedene Büffetwagen (Baujahr 1955/1956) wird nicht mehr benötigt. Dieser Doppeltriebwagen ist meist zwischen Eferding und Linz eingesetzt gewesen und war sehr beliebt bei der Reisenden. Bei guten Wetter konnten von Eferding aus (Abfahrt um 11.00 Uhr als Zug 18383) bis Niederspaching gute Fotohalte gemacht werden. Leider war nach einem Fotohalt im km 40.800 der Doppeltriebwagen nicht mehr fahrbereit. So musste aus dem nahen Bahnhof Waizenkirchen der Ersatztriebwagen B4 ET 22137 kommen und den Doppeltriebwagen zurückholen. Den Fahrtteilnehmern machte das gar nichts aus,

LILO-Abschiedsfahrt: *ET 22 143 a/b und Ersatz-ET 22 137 am 5.6.2006 im Bahnhof Neumarkt-Kalham.* Foto: Karl Weigl

St&H (LILO): *Der inzwischen verschrottete 22 142 b/a 2004 in Eferding.*

St&H (Vorchdorf-Lambach): *VL-ET 20 109 (1435 mm) am 29.3.2005 in Vorchdorf. Hinten GV-ET 23 112 (1000 mm).* Fotos (2): Dr. Stefan Lueginger

SLB-Jubiläum: Zum Remisenfest am 1.10.2006 glänzten ET 3 und ET 7 in ihren Salzburger und bayerischen Ursprungslackierungen.

SLB-Jubiläum: ET 32 (ex St&H 22 108) am 30.9.2005 im Bahnhof Bürmoos.

weil ein weiterer Oldtimer mehr zum Sonderzug gehörte. Mit dieser Garnitur ging die Fahrt bis nach Neumarkt-Kallham, wo der Doppeltriebwagen üblicherweise sonst selten hingekommen ist.

Nach Ankunft im Bahnhof Eferding wurde ein Gruppenfoto gemacht und im Büffetwagen zu einen kleinen Plausch mit Imbissen und Getränke geladen worden. *Karl Weigl*

120 Jahre Salzburger Lokalbahn (SLB)

Ab August 1886 wurde in der Stadt Salzburg mit Dampftramwaygarnituren gefahren, und in den nachfolgenden Jahren die LB Richtung Staatsgrenze (Bayern) über Hellbrunn verlängert. 1888 wurde die SETG gegründet. Danach ging der Ast nach Parsch sowie die Lamprechtshausener Linie in Betrieb. Ab dem Jahre 1907 wurde auf Bayerischer Seite über Berchtesgaden nach Königssee weiter gebaut. Zwischen 1908 und 1909 hat man dann die ganze Linie elektrifiziert. Beide Gesellschaften, SETG und die KbayStsB (Königlich Bayerische Staatsbahn), beschafften gemeinsam elektrische. Triebwagen, von denen die Salzburger rot/weiß und die bayerischen cremegelb/moosgrün lackiert waren. Zwischen 1938 und 1953 ist der Betrieb der sogenannten Südlinie abschnittsweise eingestellt worden.

Zwischen den Jahren 1966 und 1986 wurde in Salzburg vorsichtig investiert und mit neueren und stärkeren Fahrzeugen gefahren. In den Jahren 1983, 1988, 1992 und 2001 wurden 18 neue und moderne Triebwagen be-

SLB-Jubiläum: *Elloks E 63 und E 61 im Kohlenzugeinsatz nach Riedersbach (Trimmelkam).*   Foto: Gerald Rumm.

schafft und in Betrieb genommen. 1996 wird die Stern & Hafferl-Strecke Bürmoos-Trimmelkam von der SLB übernommen und der neue Tunnelbahnhof Salzburg Lokalbahn eröffnet.

Die Fusion der Versorgungsunternehmen von Stadt und Land Salzburg zur Salzburg AG brachte den Unternehmenszweig Salzburger Lokalbahn (SLB) hervor, welcher heute den 0-Bus, die Lokalbahn, die Festungsbahn und den Mönchsbergaufzug betreibt. Zuletzt kaufte die SLB die Wolfgangsee-Schiffahrt und die Schafbergbahn, die jetzt von der Saizkammergutbahn (SKGB), einer Tochterfirma der Salzburg AG, betrieben werden.

Gerald Rumm

Quelle: »120 Jahre Salzburger Lokalbahn« von Dipl.-Ing. Peter Brands

Steiermärkische Landesbahnen (STLB)

Landesbahn Feldbach-Gleichenberg

Ellok E 41 bedient den stark angestiegenen Schotterwagenverkehr vom Anschluß Steinwerk Schlarbaum zum Bahnhof Feldbach.

ET 2 versieht den Personen- und Güterverkehr, während ET 1 bis zur Durchführung der fälligen Revision abgestellt wurde.

Personenwagen EB 22 (1987 ex SBB, 1998 ex STLB

Peggau-Übelbach) wurde bei einer Ausbesserung in den STLB-Farben lackiert. Er erhielt für Sonderfahrteinsätze eine Lautsprecheranlage und eine Theke.

Neu bei der Bahn sind zwei in Rumänien gekaufte Niederbordwagen Kmms für Bahndienstzwecke. Im ÖBB-Bahnhof Feldbach wurden an den STLB-Gleisen umfangreiche Fahrleitungsarbeiten vorgenommen.

Landesbahn Gleisdorf-Weiz

Diesellok DE 1 (OAMG/BBC 1964/2393) erhielt (nach längerer Abstellzeit) in Rumänien eine Grundsanierung. Die Lok ist danach mit Verschubarbeiten in Weiz und den dortigen ELIN-Anschlüssen beschäftigt.

Diesellok DE 2 (OAMG/BBC 1965/2854) erhielt in der Werkstätte Weiz eine Hauptrevision, nach der sie mit Verschubarbeiten im Cargo-Center Graz tätig ist.

Im Einsatz sind darüber hinaus die STLB-Dieselloks D 3-6 sowie die 2016 901 (Siemens 2004/21014; »Hercules«) und 2016 902 (Siemens 2004/21145; »Hercules«).

Als Mietloks wurden zeitweilig die GKB 1100.2 und die St&H 20 011 und 20 012 beschäftigt.

Der ex ÖBB-Schlierenwagen Bp-k 50 81 29-35 194 ist nach Aufarbeitung und Neulackierung in STLB-

STLB (Gleisdorf-Weiz): *D 2 im August 1996 beim Verschub in Weiz.*
Foto: Dr. Stefan Lueginger

STLB (Gleisdorf-Weiz): *DE 4 am 21.5.2002 in Weiz. Foto: Dr. Markus Strässle*

STLB: *2016 901 am 14.5.2006 in Weiz.*   *Foto: Dr. Markus Strässle*

Farben als Bp-k 50 34 29-35 194 einsatzfähig. Er wird als Verstärkungswagen im Schülerverkehr und für Sonderzüge Verwendung finden.

Da ÖBB-Triebwagen der Reihe 5022 durchgehend von Graz über die Landesbahn bis Weiz durchlaufen, hat die Landesbahn den Triebwagen 52 den ÖBB zum Kilometerausgleich leihweise überlassen.

Im Bereich der Haltestelle Preding wurde ein 800 m langes Zugbildungs- und Abstellgleis dem Betrieb übergeben. Damit wird eine bessere Bedienung der Betriebsstätten von VA-Tech und Magna Presstex ermöglicht.

Landesbahn Peggau-Übelbach

Da die Landesbahnstrecke Teil der S-Bahn Graz werden soll, müssen neue Triebfahrzeuge beschafft werden. Probefahrten waren im Juli und August 2006 mit dem ÖBB-Talent 4024 002 und einem LILO-GTW vorgesehen.

Steiermarkbahn
Transport Logistic

Die STLB-»Hercules« werden für den sogenannten »Touareg-Express« verwendet, mit dem fünfmal in der Woche nachts Autoteile von den Werken der Magna Heavy Stamping in Albersdorf (Anschließer an der STLB-Strecke Gleisdorf-Weiz) und Magna Presstec in Preding bei Weiz für Volkswagen Slovakia von den STLB bis Wiener Neustadt gefahren werden (von da weiter mit ÖBB-Loks).

Südburgenländische
Regionalbahn
(SRB)

Auf der ex-ÖBB-Strecke Oberwart-Grosspetersdorf-Rechnitz fuhr die Bahn jeweils von Juni bis

September mit der Dampflok 93.1422 Touristenzüge Im Güterverkehr wird ein Betonwerk in Rechnitz bedient sowie saisonale Zuckerrübentransporte von Schachendorf und Großpetersdorf nach Oberwart mit den ex MAV-Dieselloks M 31.2013 und M 31.2020 gefahren.

Wiener Lokalbahnen (WLB)

Als EVU fahren die WLB außerhalb ihres eigenen Streckennetzes einen Containerganzzug von Wien - Donaukaibahnhof zum Hafen Enns/Donau sowie Containerganzüge von Duisburg-Rheinhausen nach Wien-Donaukaibahnhof. Im Einsatz waren die Siemens-Dispoloks ES 64 U2-024 + 033.

In der Nacht zum 9.10.2004 kam es an einer Tunneleinfahrt bei Sterbfritz (DB AG-Strecke Fulda-Gmünden) zwischen einem Containerzug mit der von der WLB gemieteten Siemens-Dispolok ES 64 U2-023 und einem stehenden Arbeitszug zu einem Zusammenstoß. Es gab mehrere Verletzte. Die Lok wurde beschädigt und mit ihrem Zug durch WLB-Dispolok ES 64 U2-049 abgeschleppt.

Zu den bereits vorhandenen Niederflurtriebwagen 401-406 lieferte Bombardier 2006 die Triebwagen 407-410.

Diesellok 82 (Jenbacher 1976/3.682.078/1976) wurde an Log-Serv (Tochterfirma der VOEST-Alpine) verkauft. Sie wird bei der Hafen- und Industriebahn Krems eingesetzt, die zu einem Drittel der VOEST gehört.

ÖBB: *5022 009 nach Regionalzug-Durchlauf Graz-Weiz am 14.5.2005 vor der STLB-Werkstatt in Weiz.* Foto: Dr. Markus Strässle

STLB (Peggau-Übelbach): *ET 14/ES 14 in Übelbach. Foto: Dr. Stefan Lueginger.*

STLB (Feldbach-Bad Gleichenberg): *Draisine mit Bordkran X 51 am 6.11.2002 in Bad Gleichenberg.* Foto: Dr. Markus Strässle

Karl Weigl

AB Solvay Austria, Werk Ebensee

Das Werk Ebensee ist heute ein Produktionsstandort der österreichischen Tochtergesellschaft der belgischen Chemiegruppe Solvay. Die Werksgründung erfolgte 1883, und seit dieser Zeit wird in Ebensee Soda erzeugt. Die Sodafabrik ist auch heute noch das Herzstück des Betriebes. In der Herstellung sowie im Verwaltungsbereich sind 212 Mitarbeiter beschäftigt. In weiteren Produktionsanlagen werden Speisesoda (Bicar) sowie Füllstoffe auf Kalziumkarbonatbasis (Socal) hergestellt. Soda wird als Grundstoff direkt oder indirekt von nahezu der gesamten österreichischen Industrie benötigt, und für die Glasindustrie ist es sogar unentbehrlich.

Für solch einen großen Betrieb ist natürlich eine Werksbahn erforderlich. Im Werk Ebensee gibt es eine Anlage mit einer Gleislänge von 7 km mit 22

Weichen. Es sind 16 Be- und Entladestellen für diverse Produkte vorhanden. Der monatliche Wagenumlauf beträgt 600 Waggons. Es ist eine große Gleisbrückenwaage vorhanden, auf der Waggons bis zu 100 Tonnen gewogen werden können. Werktags werden auch etwa 6 Waggons mit Kalksteinschotter für die Firma Zementwerk Hatschek, Gmunden, gewogen. Die Verschubarbeiten werden mit einem Lokführer und einem Verschieber im Tagschichtbetrieb durchgeführt. Früher waren es zwei und drei Verschieber, die diese Arbeiten ausgeführt haben. Da in dem Bereich der Werksbahn sehr viele Straßen die Gleise überqueren, hat der Lokführer eine Einrichtung auf der Lokomotive, mit der er die Blinkanlagen einschalten und so den Straßenverkehr anhalten kann. Eine Funkanlage ist auch schon viele Jahre im Betrieb, was die früher

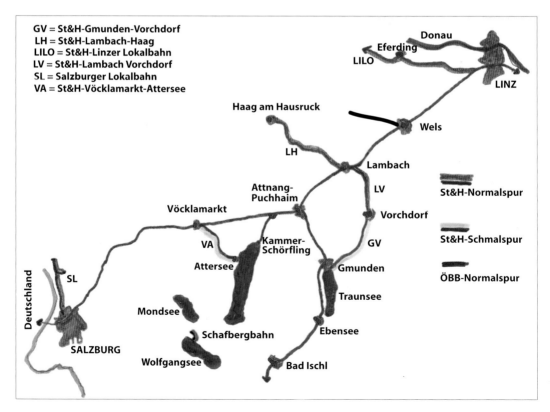

Österreichische Lokalbahnen zwischen Salzburg und Linz.

Lokparade im Solvay-Werk mit (von links) FAUR LDH 45, 211 237, 2062 201 und G 763.

G 763 rangiert im Werksgelände.   Alle Fotos aus Ebensee von Karl Weigl

Lageplan der Übergabeanlage der AB Solvay Austria in Bahnhof Ebensee (Bahnhofsüdkopf):

Legende: ⚍ 6 = Hauptgleisgleis mit Fahrleitungsschalterbezeichnung
━━━ Nebengleis ohne Fahrleitung
═══ AB-Gleis ohne Fahrleitung

Km 78.101 · Km 78.039 Rotherstraße · Langwies · AB Gl 1 Km 0.869 · ÖBB Km 78.053 · Km 78.189 · Weiche S 7 · AB-Gl 1 Km 0.726 · Gleis 103 · 462 m · Gleis 101 · 374 m · Weiche S 6 · AB-Gl 2 Km 0.362 · AB Gl 3a Km 0.215 · Weiche S 6a · AB-Gl 3 Km 0.255 Beginn Gl 3a · Weiche 6aS · Streckengleis · Km 78.610 · Gleis 1 Beistellg. · Gleis 2 Abholg. · Gleis 3 Wiegegl. · Sperrsch 15 · AB-Gl 1 km 0.339 · 100 to Brückenwaage · AB-Gl 3 Km 0.215 - 0.232 · Weiche 5S · AB-Gl 2 Km 0.042 Beginn Gl 3 · Sperrschuh Km 78.605 · Weiche 105 Km 78.885 · EK Km 78.631 Offenseestraße · ES A · 1S · Weiche 4S · AB-Km 0.299 Beginn Gl 2 · Sperrschuh 25 · AB-Gl 2 Km 0.039 · Lufttrennung Km 78.810 · Weiche 3S · AB-Km 0.224 · EK AB-Km 0.293 Offenseestraße · Einschaltstelle · AB-EK Lichtzeichenanlage · VHT Km 78.835 · Bf-Gleis 1 · Ab Weiche 1S · Weiche 2S · AB Km 0.064 · AB-Gl 1 Km 0.179 · Zur Werksanlage (Verschubverbot für ÖBB) · Gl. 1a · Weiche 1H Km 78.911 · Verbindungsgleis Ab Km 78.950 · Weiche 1S Km 78.923 · AB Km 0.000 · AB Solvay · Ende Gl 1a AB Km 0.161 · Weiche 1 Km 79.002 · Km 79.095 Dr. Rasperstraße · Weiche 2 Km 79.087 · Gl 2 · Gl 1

AB Solvay Austria, Ebensee: Übergabeanlage im ÖBB-Bahnhof Ebensee.

sehr beschwerliche Betriebsabwicklung sehr erleichtert hat. Für die Verschubarbeiten sind natürlich auch Lokomotiven erforderlich, die die Werksbahn der Solvaywerke in vier verschiedenen Ausführungen besitzt.

Da gibt es als bestes Stück die vor zwölf Jahren von der DB gekaufte MaK-Diesellok 211 237. Die Solvay-Werke hatten die Lok mit der Bedingung erworben, daß sie mit der Lackierung ozeanblau-elfenbein geliefert wird. Man wollte halt einmal eine Lok haben, die etwas anders aussah als alle anderen Werksloks. Sie ist beim Personal sehr beliebt und sehr leistungsstark. Wenn sie einmal zur Hauptuntersuchung muß, wird sie im Werk total zerlegt und wieder zusammengebaut, alles in Eigenregie, was wunderbar klappt.

Als zweite Lok ist die dreiachsige Diesellok vom Typ G 763 von Krupp/MaK, Kiel, in Verwendung. Sie kam aus dem Werk Hallein, wo sie nicht mehr gebraucht wurde. Diese Lok ist zwar etwas schwächer als die V 100, aber man kommt ganz gut aus damit. Die dritte Diesellok ist die ex ÖBB 2062 201, eine Lok vom Jenbacher Typ HD 400 B 32. Sie wird mit dem Kohletransport vom Freilager in das Werk beschäftigt. Viertens gibt es noch die rumänische Lok FAUR LDH 45. Sie wurde im Werk »23. August«, Bukarest, gebaut und hat leider einen Motorschaden. Sie ist schon einige Jahre abgestellt, denn vom Erzeuger werden keine Ersatzteile und auch kein Motor mehr geliefert. Sie war jahrelang die Werkslok gewesen und wegen ihrer Stärke gut für den Verschub geeignet. Solvay möchte diese Lok gern verkaufen.

211 237 mit Kesselwagenzug im Werksgelände.

211 237 mit Silowagenzug zwischen Solvay-Werk und ÖBB-Bahnhof Ebensee.

Wolfgang Zeunert

Modelle nach Kleinbahn-Vorbildern

Desiro der NordWestBahn (PIKO 52218) H0-Mittelleiter und H0-2L-Gleichstrom

Auf die Vorbilder der Triebwagenzüge »Desiro« von Siemens-Düwag gehen wir kurz in der Besprechung des N-Desiro von Fleischmann piccolo ein, weswegen wir bitten dort nachzulesen.

PIKO hatte in H0 bereits das Modell des DB AG-Desiro BR 642 ausgeliefert und reicht nun ein Fahrzeug der NordWestBahn nach. An diesem ist besonders die Nachbildung des Dachbereiches und der Drehgestelle mit vielen einzeln angesetzten Bauteilen hervorzuheben.

Der kraftvolle Antrieb durch einen leistungsfähigen Präzisionsmotor mit Schwungmasse wirkt über Kardanwellen und Schnecken-Stirnrad-Getriebe auf zwei Achsen sowohl beim Gleich- als auch beim Mittelleitermodell. Genau wie das Vorbild erreicht der H0-Triebwagen eine Höchstgeschwindigkeit von umgerechnet ca. 120 km/h bei 12 V. Die Getriebeblöcke sind aus Zinkdruckguß. An der Stirn- und Rückseite befinden sich Imitationen der Scharfenberg-Kupplung. Diese können gegen gekuppelte Scharfenbergimitationen ersetzt werden, um wie beim Vorbild Doppel- oder Dreifachtraktionen

nachbilden zu können. Hierbei ist aber ein Mindestgleisradius von 520 mm zu beachten.

Das Analogmodell besitzt eine digitale Schnittstelle nach NEM 652. Im Mittelleitermodell ist der Decoder bereits eingebaut. Der Mittelschleifer ist bei Letzterem unter dem Jacobs-Mitteldrehgestell angebracht. Die schon beim Vorbild elegante Lackierung mit dunkelgrauem Dach und Fahrwerk sowie dunkelblauem Wagenkasten, der durch eine weiße Zierleiste unter dem Dach und eine gelbe Zierleiste über dem Fahrwerk aufgelockert wird, ist von PIKO perfekt nachgebildet worden. Die mehrfarbige und zum Teil winzige Beschriftung ist mit der Lupe klar lesbar. Die Laufeigenschaften des ca. 460 mm langen Triebwagenzuges sind vorzüglich. Die Dokumentation des Modells ist mit zahlreichen Faltblättern als vorbildlich zu bezeichnen. Der PIKO-Privatbahntriebwagen macht rundherum Freude, und er gehört einfach auf jede Anlage, denn neben der DB AG sind private EVU heute überall miteinander zu finden. Und der Regionalbahn-Modellbahnfreund braucht den »Desiro« sowieso.

PIKO H0 (52218): »Desiro«-Triebwagenzug der NordWestBahn.

PIKO H0 (52218): Die Landschaftsaufnahme mit dem Bahnhof Hausen von Vollmer zeigt besonders die im Modell gelungene Nachbildung der Stirnfront des »Desiro«-Triebwagenzuges.

SLB-Lok V 84 (ROCO 69985) H0-Mittelleiter und H0-2L-Gleichstrom

Loks der DB-Baureihe 211 (V 100) darf man wohl als bekannt voraussetzen. Interessant ist nur, daß die ÖBB wegen Lokmangel vor Jahren von der DB einige ausgemusterte 211 kauften und sie als Reihe 2048 in ihren Bestand aufgenommen haben. Die Loks, in Deutschland von der Deutschen Bahn AG verschmäht, taten in Österreich noch wertvolle Dienste und waren beim Personal beliebt. Überflüssig geworden durch Kauf von Vossloh/MaK-Neubauloks der Reihe 2070 standen die 2048er

zum Verkauf, wobei wir beim Thema wären. Die Salzburger Lokalbahn (SLB) kauften drei Stück, darunter die Lok V 84, die ROCO nun als Modell ausgeliefert hat.

Die Lok kann durch ihre zeitlos schöne Formgebung begeistern, was auch auf das von ROCO wohlfeil hergestellte Modell zutrifft. Die Ausführung ist perfekt, Lackierung und Beschriftung bis hin zum Tempo-verhuschten »S« in SLB sind makellos, und was die Laufeigenschaften angeht kann man ein-

ROCO H0 (69985): *Diesellok V 84 der Salzburger Lokalbahn.*

fach nur schwärmen. Aber das Besondere an der Lok ist eigentlich, daß es a) ein Modell nach Vorbild einer österreichischen Lokalbahn und b) mal nicht nur eine »Taurus«-Variante ist. Den alpenrepublikanischen Modellbahner wird das freuen, und den deutschen Regionalbahner sollte es auch erhei-tern, denn die Zusammenarbeit der SLB mit dem deutschen Ecco-Netzwerk setzt der Modellbahnerfantasie keine Grenzen.

Die SLB-Lok V 84 ist ein begrüßenswertes Lokalbahn-Lokmodell, auf das wir gern hingewiesen haben.

ImoTrans V 221 in N (Fleischmann piccolo 85 7250)

Die Baureihe V 200 1 (BR 221) ist eine Weiterentwicklung der V 200 (BR 220). 1962 wurde die erste Maschine an die DB geliefert. Die Universallok leistete 2.700 PS. Damit konnte sie die unterschiedlichsten Zuggattungen befördern. Die Lokomotiven der BR 221 waren ein großer Wurf der Deutschen Bundesbahn. Sie galt als die deutsche Wirtschaftswunderlok. Lange Zeit trugen die Loks einen Großteil der nichtelektrischen Traktionsleistungen und vor allem im Norden der Bundesrepublik

Fleischman piccolo N (857250): *V 221 als rekonstruierte Lok der ImoTrans.*

Deutschland waren sie fast unverzichtbar. Legendär waren dir Schnellzugeinsätze auf der Vogelfluglinie oder auf der gebirgigen Schwarzwaldbahn. Ausgemustert wurden die letzten Exemplare beim Bw Oberhausen 1 zum Sommerfahrplan 1988. Doch im Gegensatz zu anderen Baureihen erwartete diese bewährten Lokomotiven nach der Ausmusterung ein zweites Leben. So kamen mehrere Loks nach Griechenland. Nach ihrer dortigen Stillegung wurden die dort verbliebenen Lokomotiven 2002 von der Prignitzer Eisenbahn (PEG) gekauft und nach Deutschland überführt. Nach und nach werden sie aufgearbeitet und kommen anschließend bei Eisenbahnverkehrsunternehmen zum Einsatz.

Als Vorbild für das neue Fleischmann-piccolo-Modell wurde die Lok 221 136 von ImoTrans, einer Tochter der Prignitzer Eisenbahn, gewählt. Es hat ein Metalldruckfahrgestell mit einem Motor mit Schwungmasse, der seine Kraft auf die acht Räder der Lok überträgt. Die Lok besitzt eine Digitalschnittstelle nach NEM 651. Sie ist vorbildgetreu mit schwarzem Dach, dunkelblauem Lokkasten und schwarzem Fahrwerk sowie silbernen Zierlinien lackiert. Die Beschriftung ist exakt aufgedruckt. Schon die analogen Laufeigenschaften sind lobenswert, von der Laufqualität nach Einbau eines Decoders ganz zu schweigen. Ein feines N-Modell für Regionalbahnfreunde.

Desiro von Connex in N (Fleischmann piccolo 867420)

Mit der Baureihe 642 »Desiro«, gebaut von Siemens Duewag Schienenfahrzeuge GmbH, stellte die DB

AG ab dem Jahr 2000 moderne Dieseltriebzüge mit einer Höchstgeschwindigkeit von 120 km/h

Fleischmann piccolo N (867420): »Desiro«-Triebwagenzug von Connex. Der Bahnhof stammt von KIBRI.

für den Regionalverkehr in Dienst. Wesentliches Komfortmerkmal der Züge sind: 60 % Niederfluranteil mit einer Fußbodenhöhe von nur 575 Millimetern sowie ein heller und großräumiger Innenraum mit großen Fensterbändern und Durchsicht durch den gesamten Zug. Durch die Verwendung von Großserienkomponenten aus dem Busbereich garantiert die Baureihe 642 niedrige Investitions- und Betriebskosten und ermöglicht damit einen attraktiven und wirtschaftlichen Betrieb auf Nebenstrecken und in Ballungsräumen. Varianten des »Desiro« verkehren ebenfalls bei privaten und ausländischen Bahngesellschaften, unter anderem aus Strecken der VEOLIA (früher Connex).

Nachdem Fleischmann den DB AG-»Desiro« bereits im N-Programm hatte war klar, das Varianten folgen würden. Die Regionalbahnfreunde können sich über ein gelungenes Connex-Modell freuen, das schon durch seine dunkelblau-weiße Lackierung mit gelben Führerstandsdächern und ebensolchen Einstiegstüren gefällt. Der Triebwagen hat einen Motor mit Schwungmasse in einem Metalldruckfahrwerk. Die Schnittstelle nach NEM 651 erlaubt den Einbau eines Decoders. Die beiden Fahrzeughälften sind mit Kurzkupplung über ein kulissengeführtes Jakobs-Drehgestell verbunden. Das erfordert einige Sorgfalt beim Entnehmen des Modells und beim Aufgleisen, da die Konstruktion gegen Knicken empfindlich ist. An den Fahrzeugenden sind Kupplungsattrappen vorhanden. Adapter mit Aufnahmeschacht nach NEM 355 sowie PROFI-Kupplungen 9545 für Mehrfachtraktion liegen dem Modell bei. Der Triebwagenzug ist für den Einbau einer Innenbeleuchtung vorbereitet. Die Laufeigenschaften des 261 mm langen Fahrzeugs sind erstklassig, wie von Fleischmann piccolo nicht anders gewohnt.

Vossloh/MaK-Dieselloks von Minitrix (N)

Teilweise in Neuheitenblättern, nicht aber im Hauptkatalog 2006 aufgeführt hat Minitrix in letzter Zeit mehrfach einmalige »Aktionspackungen« ausgeliefert, die aus einer vierachsigen MaK-Drehgestelldiesellok kürzerer Bauart, zwei Güterwagen sowie einem kleinen Gleisoval und einem Batteriefahrgerät (?!) bestanden. Es gab zuletzt:
- Eine NIAG-Lok 6 mit zwei Großraumselbstent-

ladern, die mit Gebrauchsspuren versehen waren.

- Eine Lok 32 der Dortmunder Eisenbahn mit zwei DE-Bahndienstwagen.

Die Loks haben Metallfahrwerke und Kunststoffaufbauten. Die Geländer sind aus Metall. Die Loks sind ebenso vorbildgerecht wie sauber lackiert und beschriftet. Eine vorhandene Schnittstelle erlaubt den nachträglichen Einbau eines Decoders. Die Laufeigenenschaft sind lobenswert, und das ist auch der Preis von EUR 99,00 für die Packungen, wobei aber an den Loks nicht gespart wurde.

Mitte:

NIAG-Lok 6 als Minitrix-Modell.

Unten:

Dortmunder Eisenbahn-Lok 32 als Minitrix-Modell.

Werksbahnen in Deutschland

Theodor Wuppermann: *Werkslok 4 auf einer Ausstellung 1985 in Opladen.* Foto: Horst Prange

Theodor Wuppermann, Stahl-Walzwerk

Das Werk mit Bahnanschluß befand sich nordöstlich des DB-Bahnhofs Leverkusen-Schlebusch. Es besaß früher zwei zweiachsige Naßdampftenderloks von Hohenzollern. Im Jahr 1949 kam die von mir auf einer Eisenbahnausstellung in Opladen fotografierte Lok 4 hinzu.

Eine erste Diesellok von Deutz (B-dh) gelangte 1936 in das Werk. Zwei Henschel-Dieselloks (1961/30302; DH 440) und (1963/30579/1963; DH 440) wurden neu beschafft und machten alle alten Loks überflüssig. Zum Zeitpunkt des Fotos der Dampflok 4 (Krupp 1949/2825) war diese schon an das Eisenbahnmuseum Dieringhausen verkauft. Dort wird die Lok unter dem Namen und der Nummer »Theo 4« betriebsfähig erhalten. Sie war schon mit vielen Sonderzügen unterwegs. Das Walzwerk wurde bereits 1986 stillgelegt.

Horst Prange

Andernach & Bleck, Präzisionszieherei und Kaltwalzwerk, Hagen-Halden

Von Hagen-Kabel bis Hagen-Halden verläuft die Sennetalbahn, DB AG-Strecke Hagen-Siegen, dreigleisig. Im Raum Siegen findet sich das dritte Gleis wieder. Es ist ein separates Gütergleis zur Bedienung von Anschließern ohne Störung des Reisezugverkehrs. In Hagen-Halden ist die seit 1903 bestehende Firma Andernach & Bleck angeschlossen. Ursprünglich bestand dieser Anschluß nur aus einem Gleis, das durch die alte Werkhalle führte. Die Staatsbahn stellte die Wagen zu. Am Gleisende wartete eine Diesellok, übernahm die Wageneinheit und bewegte sie hin und zurück, bis die Entladung beendet war. Es soll sich um eine Lok von Klöckner-Humbold-Deutz gehandelt haben, welche in den 1930er-Jahren gebaut wurde. In den 1960er Jahren wurde eine Erweiterung des Werkes notwendig.

Andernach & Bleck: *Lok 2 rangiert im Jahr 2003 Rungenwagen an der neuen Werkhalle.*   Foto: Horst Prange

Der Neubau, einschließlich neuer Gleisanlage, wurde 1971 in Betrieb genommen. Es wurde auch eine neue Lok beschafft (O&K 1970/26728; Achsf. B; 200 PS), die heute noch eingesetzt wird.

Der Betrieb läuft auch jetzt noch ohne Umsetzen der Lok ab. Die DB AG drückt die Wagen in den Anschluß. Die Werklok zieht die Wagen in die Halle. Wenn ein Gleis belegt ist, fährt sie über die unte-

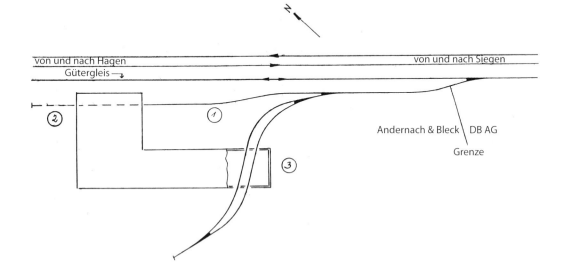

Gleisplan von der Werksbahn der Firma Andernach & Bleck in Hagen-Halden
1) Altes Gleis (zur Zeit gesperrt) • 2) Altes Gleis (abgebaut)
3) Neue Halle und neue Gleisanlage • Skizze (2003): Horst Prange

Andernach & Bleck: *H0-Werksbahn als Modell mit O&K-Diesellok von Fleischmann. Auf dem **mittleren Bild** übergibt die O&K-Lok einen Wagen an eine DB-Railion 290er.* *Fotos: Horst Prange*

re Weiche zum Gleisstumpf, setzt in das zweite Gleis zurück und kann dann weitere Wagen in das Gleis zum Entladen ziehen. Nach dem Entladen fährt die Lok die Wagen wieder in das obere Ende der Anlage.

Der Anschluß als Modellbahn

An Waggons sieht man nur mit Stahlstangen (Rohmaterial) beladene, vierachsige Flachwagen mit Rungen. Der Modellbahner, der einen solchen Anschluß in seine Anlage einfügen will, kann natürlich großzügiger verfahren. Er braucht das alte Gleis nicht stillzulegen, kann der Werkslok eine DB-Zulasung erteilen und ihre Wagen im nächsten Bahnhof abholen lassen. Ich fände das alles nicht vorbildwidrig. In jedem Fall hätte die Werkslok etwas mehr Auslauf. *Horst Prange*

Links:

Andernach& Bleck: *Front des alten Fabrikgebäudes. Durch das linke Tor fuhr früher die Werksbahnlok beim Rangieren.* *Foto: Horst Prange*

Andernach & Bleck: Lok 2 (Orenstein & Koppel 1970/26728) 1972 an der neuen Werkhalle.

Wolfgang Zeunert

Literaturhinweise

Eisenbahn

VDV-Branchenbuch Schienengüterverkehr 2006
Herausgeber: Verband Deutscher Verkehrsunternehmen e.V. 162 S. 210x295 mm, EUR 39,90. econex verkehrsconsult GmbH, Postfach 110129, 42301 Wuppertal.
Die Älteren von unseren Lesern werden sich noch an das ein- bis zweimal jährlich veröffentlichte »BDE-Mitgliederhandbuch« erinnern, in dem alle dem Bundesverband Deutscher Eisenbahnen (BDE) angeschlossenen Bahnen mit den wichtigsten Daten aufgelistet wurden. Der Verband deutscher Verkehrsunternehmen (VDV), mit dem der BDE vor einigen Jahren fusionierte, setzt diese Buchtradition mit dem »VDV-Branchenbuch Schienengüterverkehr« jetzt teilweise fort. Es bietet erstmalig eine unternehmensbezogene Zusammenstellung des Güterverkehrs und Speditionswesens der Schiene. Die insgesamt 147 Porträts von Güterbahnen, Infrastrukturbetreibern, Bahnspeditionen und sonstigen Dienstleistern beinhalten Adreßdaten, Kurzporträt der Gesellschaften, Leistungsdaten als Eisenbahn-Infrastruktur-Unternehmen (EIU), beispielsweise Streckenlänge usw., sowie als Eisenbahn-Verkehrs-Unternehmen (EVU), zum Beispiel Anzahl der verschiedenen Loktypen, sowie Angaben über Transportleistungen, Haupttransportgüter und Verkehrsverbindungen. Dieses Nachschlagwerk kann als praktische Arbeitshilfe dienen, denn hier finden die Anbieter von Verkehrsleistungen mögliche Geschäftspartner unter den Eisenbahnen, Speditionen und sonstigen Dienstleistern. Darüber hinaus wird dem Regionalbahnfreund mit diesem Werk ein aktuelles Nachschlagwerk über die derzeit im VDV aktiven Bahnunternehmen geboten.

Das Bahnbetriebswerk Blankenburg (Harz)
Von Dirk Endisch. 144 S. 170x240 mm, 61 Tabellen, 11 Farb- und 115 SW-Abbildungen, EUR 22,00 (D). Verlag Dirk Endisch, 70813 Korntal-Münchingen.
Das Bw Blankenburg (Harz) nahm unter den Bahnbetriebswerken der Deutschen Reichsbahn (DR) in zweifacher Hinsicht eine Sonderstellung

ein. Dies betraf zum einen seine Geschichte und zum anderen den hier stationierten Fahrzeugpark. Gegründet wurde der Vorläufer des späteren Bw Blankenburg (Harz) von der Halberstadt-Blankenburger Eisenbahn-Gesellschaft (HBE), die 1873 ihre Stammstrecke in Betrieb nahm. Die HBE baute 1907 eine neue Betriebswerkstätte mit Ringlokschuppen und Drehscheibe, die in den folgenden Jahren mehrfach erweitert und umgestaltet wurde. Erst nach der Übernahme der HBE durch die DR wurde die Betriebswerkstätte zum 1. Januar 1950 in ein selbstständiges Bahnbetriebswerk umgewandelt. Der Fahrzeugpark des Bw Blankenburg (Harz) unterschied sich erheblich von dem anderer Dienststellen. Die Maschinen waren in erster Linie auf der Steilstrecke Blankenburg (Harz)-Rübeland-Tanne sowie den Nebenbahnen Blankenburg (Harz)-Halberstadt, Blankenburg (Harz)-Thale Bodetal-Quedlinburg und Langenstein-Derenburg im Einsatz. Das Rückgrat in der Zugförderung bildeten dabei die von der HBE entwickelten schweren Steilstrecken-Tenderloks der Baureihen 75.66, 75.67, 92.68, 93.67 und 95.66 sowie ab 1950 die Baureihe 95.0 (ex preußische T 20), die meist auf der so genannten »Harzbahn« Blankenburg (Harz)-Tanne zum Einsatz kamen. Um das beim Ausbau der DDR-Chemieindustrie prognostizierte Transportvolumen von jährlich einigen Millionen Tonnen sicher und pünktlich bewältigen zu können, elektrifizierte die DR die nun als »Rübelandbahn« bezeichnete Strecke Blankenburg (Harz)-Rübeland-Königshütte. Da die Strecke jedoch aus dem Landesnetz mit Einphasen-Wechselstrom (25 kV bei 50 Hz) gespeist werden musste, wurde für den Einsatz auf der Steilstrecke eine völlig neue Elektrolok entwickelt. Die 15 Maschinen der Baureihe E 251 (ab 1992:171) waren ab 1965 ausschließlich im Bw Blankenburg (Harz) beheimatet, dessen Anlagen zwischen 1963 und 1966 völlig umgestaltet wurden. Das Bw Blankenburg (Harz) galt anschließend einige Jahre lang als das modernste Bahnbetriebswerk der DR. Dank des enormen Güterverkehrs auf der Rübelandbahn und seiner Elektroloks der Baureihe 251 konnte die Dienststelle bis Anfang der 1990er Jahre ihre Eigenständigkeit bewahren. Erst der Zusammenbruch des Personen- und Güterverkehrs führte 1993 zur Umwandlung des Bw Blankenburg (Harz) in eine Einsatzstelle (Est) des benachbarten Bw Halberstadt. Dieser Status blieb bis Ende 1998 unverändert. Mit der Aufteilung der Lokomotiven und Betriebshöfe bzw. Werkstätten auf die einzelnen Transportbereiche der Deutschen Bahn AG unterstand die Est Blankenburg (Harz) ab 1.Januar 1999 der DB Cargo AG. Als diese im Frühjahr 2005 ca. zwei Drittel des Güterverkehrs auf der Rübelandbahn an einen Mitbewerber verlor, waren die Tage des ehemaligen Bw Blankenburg (Harz) gezählt. Am 31. März 2006 zog DB Cargo die letzten Eisenbahner ab. Damit hatte das Bw Blankenburg (Harz) nach über 130 Jahren ausgedient. Ein unentbehrliches Buch für jeden Kleinbahnfreund.

EK-Special 81: Zehn Jahre Regionalisierung im SPNV
Autorenteam, 98 S. 219x280 mm, zahlreiche Farbfotos, EUR 9,80. EK-Verlag, Postfach 500 111, 79027 Freiburg.

Seit Beginn der Regionalisierung vor zehn Jahren hat der Schienenpersonennahverkehr (SPNV) in Deutschland einen nie zuvor dagewesenen Wandel erfahren. Einsetzender Wettbewerb, neue Eisenbahn-Verkehrs-Unternehmen (EVU) sowie neue Fahrzeuge haben dem SPNV zu einem beachtlichen Aufschwung verholfen und in vielen Bereichen zu einer Steigerung der Fahrgastzahlen geführt. Einen Überblick über den SPNV in den einzelnen Bundesländern liefert eine kompakte Übersicht mit allen im SPNV tätigen Eisenbahn-Verkehrs-Unternehmen und den von ihnen bedienten Strecken. Ein weiteres Kapitel behandelt die seit der Regionalisierung neu beschafften Fahrzeuge. Nicht zuletzt wegen der reichhaltigen Bebilderung kann das Heft allen Kleinbahnfreunden zum Kauf empfohlen werden.

EK-Eisenbahn-Bildarchiv Band 24: Nahverkehr in Niedersachsen
Von Jürgen Hörstel. 96 S. 235x165 mm, ca. 100 Farbabbildungen, EUR 19,80 (D). EK-Verlag, 79027 Freiburg im Breisgau.

Seit zehn Jahren ist die Landesnahverkehrsgesellschaft Niedersachsen (LNVG) als Aufgabenträger im Regional- und Nahverkehr. Das neue Buch dokumentiert vor allem die Entwicklung der regional beispielhaften Projekte, neue Zugsysteme und Verkehrsunternehmen sowie besondere Investitionen. Dabei wird vor allem der Wandel im Fahrzeugpark deutlich, der sich durch die Neubeschaffungen der DB AG und die Fahrzeuge aus dem niedersächsischen Fahrzeugpool drastisch verjüngt hat. Im Bildteil wird jedoch auch an die DB-Zeiten erinnert, als z.B. noch in den 1980er Jahren die legendären Baureihen wie die 220, die »Eierköpfe« 612/613, Schienenbusse oder die Akkutriebwagen 515 den Bahnalltag in Niedersachsen bestimmten. Auch der neue Band dieser Bildbuchserie besticht durch brillante Farbaufnahmen und ist wegen der zahlreichen privaten EVU auch für den Regionalbahnfreund von großem Interesse.

EK-Bildarchiv Band 21: Die Lokomotiven der TAURUS-Familie
Von Georg Wagner. 96 S. 235 x 165 mm, ca. 100 Farbabbildungen, EUR 19,80 (D). EK-Verlag, 79027 Freiburg im Breisgau.

Faszinierendes Design und gelungene Technik vereinen die TAURUS-Lokomotiven, die als Reihen 1016/1116/1216 bei den ÖBB, als Baureihe 182 bei der Deutschen Bahn und als 1047 bei den Bahngesellschaften MAV und GySEV eingesetzt werden. Dazu kommen die mittlerweile gut 60 »privaten« ES 64 U2, die zumeist aus dem Siemens Dispolok-Pool an die verschiedene vorwiegend im Güterverkehr tätigen Eisenbahn-Verkehrs-Unternehmen, wie beispielsweise TXL, EVB oder WLB, vermietet werden. Wegen der sehr guten Farbfotos und der Tatsache, daß etwa ein Drittel des Buches den privaten EVU gewidmet wurde, ist das Buch für Regionalbahnfreunde wirklich von Interesse.

Das Bahnbetriebswerk Oschersleben
Von Dirk Endisch. 112 S 170x240 mm, 66 Tabellen, 15 Farb- und SW-Abbildungen; EUR 20,00 (D. Verlag Dirk Endisch, 70813 Korntal-Münchingen.

Das Bw Oschersleben gehörte zu den kleinsten Bahnbetriebswerken in der Reichsbahndirektion (Rbd) Magdeburg, war aber eines der ältesten. Die hier stationierten Lokomotiven bespannten in erster Linie Personen- und Güterzüge auf den Strecken Oschersleben-Jerxheim-Wolfenbüttel und Magdeburg-Halberstadt. Die Deutsche Reichsbahn wandelte die Dienststelle 1924 in ein Bahnbetriebswerk um. Allerdings verlor das Bw Oschersleben bereits 1932 seine Selbständigkeit wieder und unterstand fortan als Lokbahnhof dem Bw Halberstadt. Ende der 1940er Jahre nahm die Bedeutung des Lokbahnhofs Oschersleben deutlich zu. Mit der Vergrößerung des Lok- und Personalbestandes wandelte die Rbd Magdeburg Oschersleben 1950 abermals in ein Bahnbetriebswerk um. Haupteinsatzgebiet der Dienststelle waren nun neben den Strecken

Magdeburg-Halberstadt und Oschersleben-Gunsleben die Nebenbahnen Oschersleben-Hötensleben und Nienhagen-Gröningen-Schneidlingen. In den 1950er und 1960er Jahren wurden einige Anlagen des Bw Oschersleben erweitert und modernisiert. Im Zuge der Anfang der 1960er Jahre einsetzenden Rationalisierung bei der Deutschen Reichsbahn (DR) löste die Rbd Magdeburg 1963 das Bw Oschersleben wieder auf und unterstellte es als Einsatzstelle (Est) dem Bw Halberstadt. Nach der Wende 1989 und der deutschen Wiedervereinigung im Herbst 1990 brach der Eisenbahnverkehr rund um den Eisenbahnknoten Oschersleben förmlich zusammen. Schließlich wurde 1992 das ehemalige Bahnbetriebswerk geschlossen. Das Buch beschreibt diese traditionsreiche Dienststelle von den Anfängen bis zu ihrer Schließung. Der Fahrzeugeinsatz wird detailliert behandelt.

Das Bahnbetriebswerk Staßfurt
Von Dirk Endisch. 128 S. 170x240 mm, 85 Tabellen, 12 Farb- und 82 SW-Abbildungen; EUR 21,00 (D). Verlag Dirk Endisch. 70813 Korntal-Münchingen.

Zu den bekanntesten Bahnbetriebswerken in Deutschland gehört Staßfurt, weil von hier aus die letzten Dampfloks der BR 41 der DR eingesetzt wurden. Ab wurde in mühevoller Arbeit die ehemalige Einsatzstelle (Est) Staßfurt in ein schmuckes Eisenbahnmuseum umgebaut. Die Anfänge des ehemalige Bw Staßfurt reichen bis in das Jahr 1857. Die wechselvolle Geschichte und der Betriebsmaschinendienst werden in dem diesem Buch ausführlich beschrieben.

Das Bahnbetriebswerk Salzwedel
Von Dirk Endisch und Rocco Kadow. 144 S. 170x240 mm, 68 Tabellen, 115 Abbildungen; EUR 22,00 (D). Verlag Dirk Endisch, 70813 Korntal-Münchingen.

Die Ursprünge des Bw Salzwedel reichen zurück bis in das Jahr 1870, als die Magdeburg-Halberstädter Eisenbahn-Gesellschaft (MHE) die Strecke Stendal-Salzwedel in Betrieb nahm. Die ersten Anlagen der Lokstation waren allerdings bescheiden. Erst mit dem Ausbau des Bahnhofs Salzwedel zu einem wichtigen Eisenbahnknoten in der Altmark und der Eröffnung der Nebenbahnen nach Oebisfelde (1889), Lüchow (1891) und Dannenberg (1911) mußten die Anlagen der Lokstation schrittweise erweitert werden. Ab 1914 war Salzwedel eine eigenständige Betriebswerkstätte, aus der 1922 das Bw Salzwedel hervorging. Zu diesem Zeitpunkt erhielten die Anlagen des Bahnbetriebswerks auch ihr heutiges Aussehen. Nach der Übernahme der Kleinbahnen in der Altmark durch die Deutsche Reichsbahn (DR) erlebte das Bw Salzwedel in den 1950er und 1960er Jahren seine Blütezeit. Die etwa 400 Eisenbahner wickelten fast die gesamte Zugförderung im nordwestlichen Altmark ab. Mit der schrittweisen Stillegung des dort einstmals dichten Streckennetzes verlor das Bw Salzwedel jedoch nach und nach an Bedeutung. Die massiven wirtschaftlichen Veränderungen in den 1990er Jahren führten letztlich zur Auflösung der über 100 Jahre alten Dienststelle, die heute ein Eisenbahnmuseum beherbergt. Diese wechselvolle Geschichte dokumentiert das vorliegende Buch. Neben dem Bw Salzwedel wird auch die Entwicklung der ehemaligen Einsatzstellen in Gardelegen, Kalbe (Milde) und Osterburg vorgestellt. Zahlreiche bisher unveröffentlichte Aufnahmen sind besonders erwähnenswert.

Die Eisenbahn im Kraichgau
Von Hans-Wolfgang Scharf. 312 S. 210x300 mm, ca. 400 Abbildungen, EUR 39,90 (D). EK-Verlag, 79027 Freiburg im Breisgau.

In der EK-Buchreihe »Südwestdeutsche Eisenbahngeschichte« erschien ein weiterer Band über die Entwicklung des württembergischen Eisenbahnwesens. Behandelt wird die Nordbahn nach Heilbronn, die Westbahn nach Bruchsal und ihr Abzweig von Mühlacker nach Durlach, ebenso die Kraichgaubahn Grötzingen-Heilbronn und die Neubaustrecke Mannheim-Stuttgart. Daneben werden auch alle im Dreieck Stuttgart-Karlsruhe/Bruchsal-Heilbronn gebauten und geplanten Strecken vorgestellt. Besondere Kapitel behandeln die in den Kraichgau führenden Privatbahnen die Bruchsaler und Wieslocher Netzes wie die Strecken Vaihingen-Enzweihingen, Bruchsal-Ubstadt-Menzingen/Hilsbach und Wiesloch-Waldangelloch. Zum Themenkreis gehört auch die Schmalspurbahn Lauffen-Leonbronn, außerdem wird das Stadtbahnnetz Karlsruhe behandelt. Der umfangreiche Text wird mit zahlreichen Fotos, Zeichnungen und Auflistungen ergänzt. Das ist ein in jeder Beziehung gewaltiges Werk und beispielhaft dafür, wie Eisenbahngeschichte in Buchform aussehen kann. Interessant auch für Kleinbahnfreunde.

Die Baureihe E 10
Von Roland Hertwig. 304 S.: 210x297, ca. 460 Abb. mit Farbteil, EUR 45,50. EK-Verlag, Postfach 500 111, 79027 Freiburg.

Als die Loks der Baureihe E 10 vor etwa 50 Jahren entstanden, waren sie die Paradeelloks der DB und durften alle hochwertigen Schnell- und Fernschnellzüge ziehen. In den 1960er Jahren stand die Beförderung vom Rheingold- und Rheinpfeil-, später die von TEE-Zügen auf dem Programm. Die Einheitselloks haben ihre Nachfolgerinnen in Form der Baureihe 103 bereits überlebt. Aber nun lichten sich auch ihre Reihen. Viele der 416 gebauten Loks haben sich von der Schiene verabschiedet. Die letzten von ihnen versehen noch zuverlässig ihren Dienst im Nahverkehr. In diesem Buch wird die Entwicklung dieser Baureihe und die technischen Veränderungen an den Loks im Lauf der Dienstzeit. Für Statistiker ist sicher die lückenlose Beheimatungsliste aller 110 eine Fundgrube. Zum Schluß wird ein Blick auf die Heimatbetriebswerke und die Ausbesserungswerke der Loks geworfen. Großartige Fotos von allen Einsatzbereichen in einem wirklich opulent angelegten Werk.

Die Nebenbahn Nienhagen-Jerxheim

Von Dirk Endisch. 80 S. 170x240 mm, 8 Tabellen, 14 Gleispläne und 70 Bilder, EUR 11,00 (D). Verlag Dirk Endisch, 70813 Korntal-Münchingen. Über 100 Jahre lang erschloss die Nebenbahn Nienhagen-Dedeleben-Jerxheim das nördliche Harzvorland zwischen Huy und Großem Bruch. Sie verdankte ihre Entstehung Ende des 19. Jahrhunderts dem Kalibergwerk in Wilhelmshall sowie den Zuckerfabriken in Schwanebeck, Eilenstedt, Badersleben, Dedeleben und Jerxheim. Sie wurde am 15. August 1890 für den Personen- und Güterverkehr freigegeben. Später sorgten die Zementfabrik Schwanebeck und die Feldbahn zur Saatzuchtfirma Strube in Schlanstedt für einen weiteren Anstieg des Güterverkehrs. Doch die Glanzzeiten der Strecke waren bereits Ende der 1920er Jahre wieder vorbei. Mit dem Ende der Kaliförderung bei der Gewerkschaft Wilhelmshall schrumpfte das Verkehrsaufkommen auf der Strecke Nienhagen-Jerxheim deutlich zusammen. Gleichwohl stand die Zukunft der Nebenbahn, die nach der deutschen Teilung im Sommer 1945 in Dedeleben endete, noch lange nicht zur Debatte. Erst in der zweiten Hälfte der 1960er Jahre versuchte die DR die Bahn stillzulegen. Doch fehlende Lastkraftwagen und Omnibusse zwangen sie zum Weiterbetrieb der Strecke, die Mitte der 1970er Jahre im Rahmen der Zentralen Oberbauerneuerung gründlich instandgesetzt wurde. Nach der politischen Wende in der DDR brach die Wirtschaft in der Region innerhalb weniger Wochen zusammen. Das Ergebnis war ein dramatischer Rückgang der Verkehrsleistungen binnen kurzer Zeit. Die Deutsche Bahn AG stellte am 31. März 2000 den Zugbetrieb ein. Die zahlreichen historischen Abbildungen und Gleispläne aller Stationen machen das Buch zu einer Fundgrube für Eisenbahnfreunde. Zusätzlich werden die angrenzenden Werk- und Feldbahnen in Schwanebeck, Schlanstedt und Wilhelmshall ebenfalls vorgestellt.

Die Nebenbahn Oschersleben-Gunsleben

Von Dirk Endisch. 48 S. 170x240 mm, 2 Tabellen, 4 Zeichnungen und 40 Bildern, EUR 8,00 (D). Verlag Dirk Endisch, 70813 Korntal-Münchingen. Auf der Strecke Oschersleben-Gunsleben, Nebenbahnidylle verkehrten fast alle Züge als Personenzug mit Güterbeförderung (Pmg) oder Güterzug mit Personenbeförderung (Gmp). In Neuwegersleben und Gunsleben erledigten die Dampfloks die notwendigen Rangierarbeiten, während die Fahrgäste geduldig auf die Weiterfahrt warteten. Mit maximal 50 km/h dampften die Maschinen gemütlich durch die Felder und Wiesen des Großen Bruchs. Aber der fast schnurgerade Trassenverlauf, die großzügig angelegten Bahnhöfe in Neuwegersleben und Gunsleben sowie das zweigleisige Planum passten nicht so recht in das Bild von einer verträumten Nebenbahn. Der Eindruck täuschte nicht, denn ursprünglich war die Stichbahn Oschersleben-Gunsleben ein Teilstück der 1843 von der Braunschweigischen Staatseisenbahn eröffneten Hauptstrecke Braunschweig-Wolfenbüttel-Oschersleben. Diese war die ersten Ost-West-Verbindung Deutschlands und gehörte damit im 19. Jahrhundert zu den bedeutendsten Eisenbahnstrecken überhaupt. Die ersten Schnellzüge zwischen Berlin und dem Rheinland fuhren hier entlang. Zwar verlor die Verbindung Ende des 19. Jahrhunderts ihre Bedeutung im deutschlandweiten Reiseverkehr, doch für den Durchgangsgüterverkehr zwischen Berlin und dem rheinischen Industriegebiet war sie bis zum Ende des Zweiten Weltkrieges unverzichtbar. Mit der Teilung Deutschlands wurde die Strecke im Sommer 1945 zwischen Gunsleben und Jerxheim unterbrochen. Nachdem sich die geplante Einrichtung eines Interzonenverkehrs über die Strecke Jerxheim-Oschersleben zerschlagen hatte, ließen die Sowjets 1946 das zweite Streckengleis demontieren. Aus der einst so bedeutenden Magistrale war nun eine Stichbahn geworden. Bereits in den 1960er Jahren versuchte die DR, die Strecke Oschersleben-Gunsleben stillzulegen. Dies scheiterte jedoch an den Widersprüchen des Bezirkes Magdeburg und des Kreises Oschersleben. Auch die Nationale Volksarmee

hatte etwas dagegen. Nur so blieb der beschauliche Nebenbahnbetrieb erhalten. Mit der politischen Wende brachen auch hier ab 1990 die Beförderungsleistungen schlagartig zusammen. Dies und der marode Zustand der Gleisanlagen führte schließlich zur Einstellung des Verkehrs am 30. Mai 1992 und der Stillegung der Infrastruktur 1997.

Modellbahn

MIBA Spezial 69: Bahnbetriebswerke

Von Martin Knaden (Redaktion). 102 S. 210x300 mm, zahlreiche Fotos und Zeichnungen, EUR 10,00 (D). Verlagsgruppe Bahn, 82256 Fürstenfeldbruck.
Illustriert mit Farbfotos und alten Pit-Peg-Zeichnungen werden zunächst die Grundlagen von der Lokstation bis zum Großbetriebwerk geboten und außerdem erläutert, wo die Lokbahnhöfe eigentlich angelegt worden sind. Dann geht es modellbahnerisch zur Sache mit Wasser, Kohle und Öl im Bw, mit Brennstoff für das Bw, mit der Beschreibung eines Klein Bw in Keilform sowie von zwei Groß-Bw. Eine Marktübersicht über Zubehör für Bahnbetriebswerke beschließt dieses MIBA- Sonderheft, das in seiner gelungenen Auswahl von Beiträgen und hervorragenden Abbildungen viele Anregungen für den Modellbahner bietet.

MIBA Spezial 68: Stadt-Bahn

Von Martin Knaden (Redaktion). 108 S. 210x300 mm, über 250 Abbildungen, EUR 10,00 (D). Verlagsgruppe Bahn, 82256 Fürstenfeldbruck.
Eisenbahnen verbinden Städte und Ortschaften, und auf jeder Modellbahnanlage ist wohl mindestens eine Siedlung vorhanden, die den Modellbahnbetrieb realistisch erscheinen läßt. Doch wie wenig Stadt ist noch vertretbar, wie viel Stadt muß unbedingt sein, wenn die Anlage überzeugend wirken soll? Der Grundlagenbeitrag dieses Heftes zeigt zunächst Beispiele von Bahnlinien mitten auf der Straße. Den Schwerpunkt bilden aber Anlagenvorschläge, die das urbane Ambiente alter wie neuer Epochen lebendig werden lassen. Typisch für eine Stadt sind auch Straßenbahnen, und so wird ein aktuelles Straßenbahngleis vorgestellt zusammen mit einer Marktübersicht über erhältliche Straßenbahnmodelle. Der Leser taucht ein in das pralle Leben der Stadt, das auch in überschaubaren Platzverhältnissen realisierbar ist.

mbz - die schönsten Modelleisenbahn-Anlagen (Band 1)

Redaktion: Berthold Weber. 66 S. 210x295 mm, zahlreiche Farbfotos und Gleispläne, EUR 8,20. mbz-Verlag, 65444 Kelsterbach.
Die mbz-Modellbahnzeitschrift hat ein Themenheft herausgebracht, in dem je eine Anlage in den Baugrößen H0 und N beschrieben werden. Beide Anlagen sind im Ganzen betrachtet Rundumlayouts, also komplett an der Wand entlang gebaut und deshalb besonders übersichtlich und gänzlich überschaubar. Der Betrachter geht an diese Anlage langsam entlang und erlebt deshalb die Landschaft fast im Vorbeifahren, als ob er direkt im Zug sitzen würde. Das ist ja gerade der besondere Vorzug einer solchen langgezogenen Anlage. Auf derartig günstigen Flächen entstehen sehr lange Strecken, die auch für große Radier in sichtbaren Bereich geeignet sind. Wegen der relativ geringen Tiefe kann man überall bequem eingreifen. Außerdem ist auf diesen überschaubaren Flächen einerseits großzügig zu arbeiten und andererseits sind höchste Detaillierungen zu erreichen.

Modellbahn-Kurier Special:
Miniatur Wunderland Teil 4 - Skandinavien

Von Ralph Zinngrebe (Redakteur). 106 S. 210x280 mm, zahlreiche Farbfotos, EUR 9,50 (D). EK-Verlag, 79027 Freiburg.
Das Miniatur Wunderland in Hamburgs historischer Speicherstadt erlebt seit der Eröffnung im August 2001 einen bis dahin nicht für möglich gehaltenen Erfolg beim Publikum. Nach etwa einjähriger Bauzeit wurde im Sommer 2005 mit »Skandinavien« der vierte, etwa 300 m² große Bauabschnitt fertig. Charakteristische Landschaften und eine Fülle von einzelnen Motiven aus Dänemark, Schweden und Norwegen mit Fjorden, Nordlichtern, Elchen und der Erzverladung im Norden Schwedens, 500 Häuser und Brücken sowie rund 25.000 Lichtern ziehen die Besucher in ihren Bann. Auf echtem Wasser, mit Ebbe und Flut, fahren beeindruckende Schiffsmodelle. An die 2.000 m Gleise wurden verlegt, auf denen sind 150 Züge mit 3.000 Wagen im Einsatz sind. Sieben Computer sind erforderlich, um den Betrieb auf der Schiene und zu Wasser sowie die Lichttechnik zu steuern. Dieser vierte Teil der Reportage führt einmal mehr durch eine faszinierende Welt im Maßstab 1:87. Dazu gibt es wieder zahlreiche Hintergrundinformationen, auch über Neuigkeiten bei den drei bisherigen Bauabschnitten.